Mit freundlicher Genehmigung der Marketing-Gesellschaft Oberlausitz-Niederschlesien mbH

Ausflugsempfehlungen für Kulturliebhaber

- **Ort** Zentren des historischen Oberlausitzer Sechsstädtebundes
- Deutsche Stationen der Via Sacra
- Pückler's Gartenträume
- Traditionelle Baukulturen
- Umgebindehauslandschaft
- Standorte der Handwerks- und Industriekultur
- Hauptstationen der Dampfbahnroute in der Oberlausitz
- Zertifizierte Tourist-Informationen
- Barrierefrei zugänglich

»Sachsen Barrierefrei«

Immer mehr Tourist-Informationen, Gastgeber, Ausflugsziele und Freizeiteinrichtungen setzen sich intensiv mit den besonderen Bedürfnissen von Reisenden mit Mobilitäts- oder Sinneseinschränkungen sowie geistigen oder kognitiven Einschränkungen auseinander. Die Tourismus Marketing Gesellschaft Sachsen mbH koordiniert das Projekt »Sachsen Barrierefrei« und prüft die Angebote vor Ort auf deren barrierefreie Zugänglichkeit, um den Reisenden detaillierte und zuverlässige Informationen für einen möglichst unbeschwerten Aufenthalt geben zu können.

Näheres unter: www.sachsen-barrierefrei.de

CAROLA KOCHT

leicht & unkompliziert - modern & traditionell

Mit Zutaten & Geschichten aus der Oberlausitz

Kleene Schänke
Erlenweg 14 · 02733 Cunewalde
Telefon: 01520 1820659
www. kleeneschaenke.de
kontakt@kleeneschaenke.de

ISBN 978-3-00-066568-4

Druck:	Digitaldruckerei Schleppers GmbH, Bautzen
Illustrationen / Bilder:	Archiv Carola Arnold,
	Andrè Wirsig, Neugeister e.V. (Cover und Seite 1),
	Marcel Schröder (Vorwort, Nachwort)
Satz / Layout:	Norma Vohland (Umschlag)
	Marion Berndt (Inhalt)
Lektorat / Korrektorat:	Marion Berndt, Carmen Bär, Horst und Irmhild Sieber
Redaktionelle Mitarbeit:	Martina Rellin www.Rellin-Schreibwerkstatt.de

Inhaltsverzeichnis Geschichten Seite

Oberlausitzer Produzenten stellen sich vor

Inhaltsverzeichnis **Rezepte** Seite

Inhaltsverzeichnis Seite

Inhaltsverzeichnis Seite

Liebe Leserinnen und Leser, liebe Freunde der Oberlausitzer Küche,

viele, die mich kennen, werden die Hände über dem Kopf zusammenschlagen: Jetzt schreibt sie auch noch! Reicht es nicht, dass Carola in ihrer „Kleenen Schänke“ in Cunewalde kocht und backt, für andere und mit anderen? Und dann noch diese ganzen Veranstaltungen, dort in diesem alten Umgebindehaus. Ja, es ist ein ganz besonderes Haus, ich hab es gesucht und es hat mich gefunden. Die Kleene Schänke ist meine Koch- und Kulturwerkstatt, was heißt: Hier wirbele ich mit meinem Team, meinen „Mädels” Kerstin, Doris und Waltraut, alle wie ich im besten Reife-Alter.
In unserer gemütlichen Blockstube bieten wir Menüabende mit Lesungen, Verkostungen von Whisky, Rum und edlen Bränden (heißt bei uns „Betreutes Trinken”) und vieles mehr. In unserer Eventküche veranstalten wir Workshops aus einer großen Themenwelt, das heißt dann „Kochen mit Spaß“ und wir kochen mit unseren Gästen, was ihre Herzen begehren. „Herzlich willkommen *Derheeme*” – das ist unsere Philosophie.

So, und hier ist es nun, mein erstes Kochbuch. Erst war es nur eine Idee: Ich könnte eine kleine Produktbroschüre mit Rezepten schreiben. Lektorin Marion Berndt hat mich bestärkt: mit Rezepten! Und Schreibprofi Martina Rellin legte nach: mit deinen Geschichten! Alles so geschrieben, wie mir der Schnabel gewachsen ist.

„Carola kocht” spiegelt die Lieblingsrezepte von mir und meinen vielen, mehr als 3 000 Kochbegeisterten, mit denen ich in meiner Eventküche seit 2016 gekocht habe, wieder. Es bündelt Rezepte und Geschichten aus meinen gut 40 Jahren als Küchenmeisterin und Betriebsleiterin. Und es enthält Geschichten über meine so wertvollen Partner, die in der ganzen Oberlausitz ansässigen großen und kleinen Produzenten.

Dass ich Köchin werden wollte, wusste ich ja schon als Mädchen. Ich kam 1978 nach Dresden und lernte in der Wohngebietsgasstätte „Freundschaft“. Noch heute gibt es feste Freundschaften aus dieser Zeit.

Im September 1983 begann ich, dank meines von mir tief verehrten Küchenchefs Bernd Balcerek, die Meisterausbildung in Dresden. Mit 23 Jahren wurde ich dort die jüngste Küchen-Chefin einer HO-Großgaststätte. Nach der Wende hatte ich großes Glück und fand beim Cateringunternehmen der „EUREST Deutschland GmbH“, einen Job als Betriebsleiterin. Dort blieb ich bis 2015. Davon war ich 18 kreative, fördernde und fordernde Jahre für das Cateringunternehmen in der der Sächsischen Landesärztekammer tätig.

Was für eine prägende, gute Zeit. Danke.

Doch im Hintergrund war da immer noch der Jugendtraum, etwas Eigenes zu machen, wo ich am Herd stehen kann, um in den großen und kleinen Menschen die Leidenschaft zu wecken für die einfache, gute Landküche, gerne mit ganz großem Blick über den Tellerrand. Ich wollte zeigen, wie einfach es ist, mit guten und regionalen Zutaten unkompliziert zu kochen. Zu spüren, was es mit uns macht, wenn wir gemeinsam mit Freunden, Kollegen, Familie schnippeln, braten und backen. Dieses Abenteuer, die „Kleene Schänke", hat 2016 begonnen, nach einer tiefen Krise, die mir neue Sichtweisen gezeigt hat (davon erzähle ich dann im Nachwort).

Ich bin froh und dankbar, dass sich mein Leben zu dem gefügt hat, das ich heute lebe. Das Allerbeste, was mir in diesem Leben passiert ist, das sind mein Mann Lutz, unsere beiden tollen Jungs Roy und Toni und die Frauen an ihrer Seite. Überhaupt die große Arnold- und Sieber-Familie, dazu langjährige Freunde, mein fester Rückhalt in allen Lebenslagen. Ohne meinen Mann, da bin ich ganz ehrlich, könnte ich das immer wieder neue Abenteuer „Kleene Schänke" nie bestehen.

Und dann haben wir 2019 auch noch die „Geschenke-Schänke" im Obergeschoss des Hauses eröffnet, um unsere wunderbaren Lebensmittel und Produkte aus der Oberlausitz gebündelt vorzustellen und den Gästen mit nach Hause zu geben – das ist doch herrlich! Da entdecken Leute von hier Neues aus ihrer Region und Urlauber schwelgen in Erinnerungen, wenn sie sich zu Hause ihr Brot mit Mehl aus der Oberlausitz zubereiten und dazu einen Birnenbrand oder Haselnussgeist von hier genießen.

Ich bin jetzt Ende 50 und immer noch voller Elan und neuer Ideen, die ich nur umsetzen kann, weil es ganz viele Menschen gibt, die auch so denken und mitmachen. Euch allen sage ich an dieser Stelle ganz herzlichen Dank!

Viel Freude beim Lesen und Kochen wünscht

Eure Carola – die so gerne kocht

Carola Arnold

Mit meinen „Mädels“ beim Anrichten eines Menüs

Wir genießen sehr gern gemeinsame Auszeiten

Fleisch

- die neue Beilage -

Sonntagsbraten

Sprecht dieses schöne Wort einfach mal laut aus – merkt ihr, wie euch das Wasser im Munde zusammenläuft? Ich rieche sie förmlich, die bratenduftgeschwängerte Luft, die aus der Küche durchs ganze Haus oder durch die Wohnung zieht, es riecht nach Röstaromen, Senf, Pfeffer …
Die Älteren unter uns erinnern sich noch genau: Der Sonntagsbraten stammt aus einer Zeit, als es nicht selbstverständlich war, unter der Woche Fleisch auf die Teller zu bringen. Ja, vielleicht gab es mal eine Bratwurst oder ausgelassenen Speck zu Kartoffeln. Aber das richtig gute Stück Fleisch – das kam am Sonntag nach ausgiebigem Schmoren aus der Röhre auf die Teller.

Man muss kein Vegetarier sein oder werden um zu erkennen: Weniger Fleisch zu essen und dafür in einer besseren Qualität – das hat was. Und das ist meine Richtung schon seit einiger Zeit. Warum? Die fleischverarbeitenden Großbetriebe, nennen wir sie ruhig die Fleischindustrie, produziert sehr effizient ausgesprochen billige Ware. Das Tierwohl spielt dabei eine untergeordnete Rolle. Viele Arbeiter in der Fleischindustrie bekommen wenig Lohn für schwere Arbeit. Und der Landwirt, der die Tiere zuliefert – er steht unter extremem Preisdruck, was wiederum dazu führt, dass … Nun, ja. Und alles, damit wir Verbraucher im Supermarkt große Fleischmengen zu kleinen Preisen kaufen können.

Warum zum Fleischer gehen, wenn der Supermarkt nebenan um einiges günstiger ist? Ich kann euch sagen, warum. Es gibt sie noch, die guten, traditionell arbeitenden Fleischer. Nehmen wir zum Beispiel die Fleischerei Ganske hier bei uns in der Oberlausitz in Neusalza-Spremberg. Die Fleischerei ist direkt am Wohnhaus angebaut, hier wird seit 1955 Fleisch verarbeitet – und bei der Arbeit kann Meister Ganske von Zeit zu Zeit durchs Fenster direkt aufs Grün in seinem Garten schauen. Die Fleischerei ist klein, aber gut ausgestattet mit allem, was man für eine moderne Produktion braucht. Hier entstehen in alter Handwerkskunst traditionelle und neue innovative Produkte. Die Arbeit verlangt viel Wissen, Geschick und Kraft. Um gegenüber den Großbetrieben zu bestehen, ist harte Arbeit angesagt.

Von Familie Ganske lernte ich zuerst Kerstin und die Tochter Stephanie kennen – beim Floristikworkshop in meiner Koch- und Kulturwerkstatt. Als ich dann meine „Oberlausitzer Geschenke-Schänke“ als zweites Standbein entwickeln wollte und Produzenten für eine kleine Interessengemeinschaft regionaler Anbieter suchte, waren die Ganskes von Anfang an dabei. Eine Fleischerei mit Familiensinn und langer Tradition. Eltern und Tochter in einem Boot. Wenn ich mir ihre Fleischerei, das Geschäft und den Partyservice anschaue, sehe ich, dass Tradition und Moderne hier gelebt werden. Die richtige Strategie für das Fortbestehen und für mich die perfekten Partner, gemeinsame Ideen umzusetzen.

So fand ich es auch besonders klasse, dass die Ganskes eine Oberlausitzer Wurst kreiert haben. Als ich Jürgen Ganske nach dem Warum fragte, antwortete er, dass viele Landstriche ihre spezielle Wurst hätten. Die Oberlausitz hätte auch eine eigene verdient. Nun – Würstchen ist doch Würstchen höre ich einige sagen. Im Prinzip ja, die Grundlage ist häufig ähnlich. Das Oberlausitzer Würstchen der Ganskes, nur mit Fleisch aus der Region und mit einem höheren Rindfleischanteil, ist mager, würzig und was Jürgen Ganske ganz wichtig ist: Es schmeckt auch ohne Senf.

Whisky Salami vom Hempel-Fleischer

Jürgen Ganske mit seinen Oberlausitzern

Nun darf ich wohl kaum nur über eine Fleischerei in Neusalza-Spremberg schreiben, wenn ich mich in Cunewalde noch sehen lassen will. Na klar, auch mein Dorf Cunewalde hat gute Fleischer! Die Fleischerei Hempel kenne ich seit Kindertagen und sie machen zu Weihnachten die rohe, schlesische Bratwurst mit Zitronennote. Heiligabend ohne diese Bratwurst, in viel Butter gebraten mit Sauerkraut und Salzkartoffeln – nicht vorstellbar. Und auch Hempels setzen Ideen um: Angeregt durch meinen Sohn Roy, der für sein Dresdner Geschäft „Whisky & Genuss" fleischlichen Genuss gepaart mit Whisky suchte, ersannen sie einen besonderen Whiskyrinderschinken, der sechs Wochen in Kräutern und 7 % rauchigem Whisky eingelegt wird. Danach zergeht er auf der Zunge.

Ihr seht schon: Ich wünsche mir, dass viele Menschen wieder den Weg in ihre Fleischerei finden zu denen, die mit Leidenschaft ihr Handwerk leben und uns zu besonderem Fleischgenuss verhelfen. Das muss nicht jeden Tag sein, das müssen keine Riesenportionen sein, Fleisch ist auch als Beilage lecker.

Genau, das ist es wohl: Fleisch – die neue Beilage.

Gastrezept Familie Ganske

Reiterhauspfanne

Das über die Grenzen bekannte Reiterhaus-Museum gab diesem Bestseller aus Ganskes Partyservice seinen Namen.

700 g	frische Schweinelende
250 ml	Schlagsahne
3 EL	Öl
1 EL	Tomatenmark
1 TL	Currypulver
1	Apfel
1Prise	Zucker

Das Lendchen in mindestens 1,5 cm dicke Scheiben schneiden, in heißem Öl kurz anbraten und mit Salz und Pfeffer würzen.
Das Fleisch rausnehmen und in den Bratensatz die Schlagsahne gießen.
Tomatenmark, Curry, Zucker zugeben und kurz aufkochen lassen.
In eine leicht gefettete Auflaufform die Lende und die Apfelscheiben schichten.
Mit Sauce überziehen und im Backofen bei 180 Grad Umluft ca. 25 Minuten überbacken.

Die einzelnen Arbeitsschritte bildlich dargestellt

Mediterrane Rinderroulade

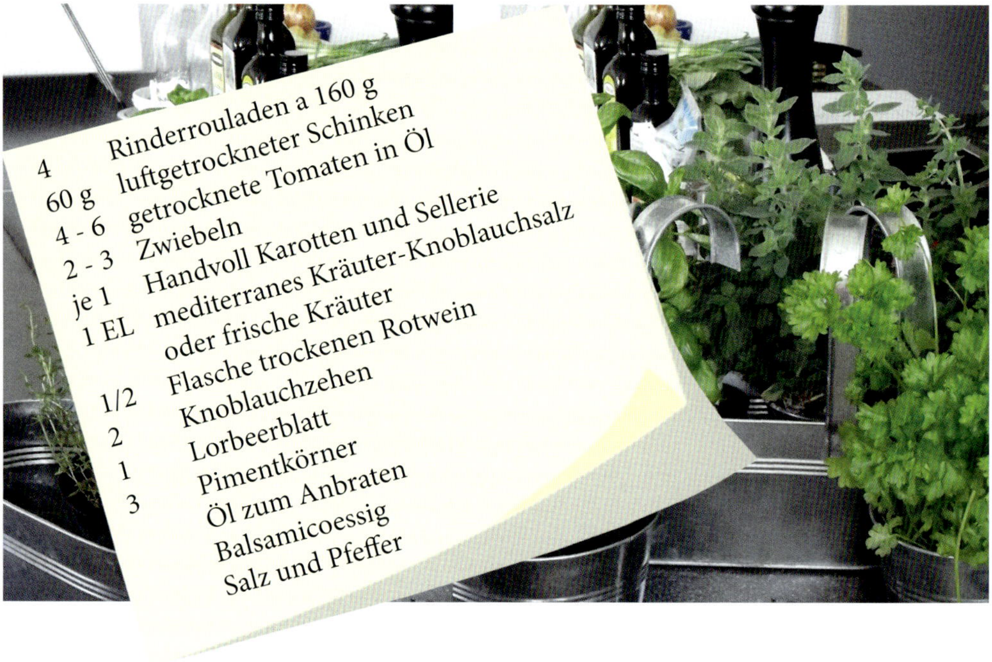

Die Rinderrouladen plattieren, mit mediterranem Kräuter-Knoblauchsalz bestreuen und mit je 1,5 getrockneten Tomaten in Öl, 15 g rohen kräftigen Schinken, 2-3 Zwiebelscheiben belegen. Alles fest zusammenrollen, dann entweder binden oder mit der guten alten Rouladennadel fixieren, Holzstocher gehen auch.
Nun die Rouladen in einer heißen Pfanne mit Öl von allen Seiten braun anbraten, danach rausnehmen, in einen Topf geben, zudecken und am besten im Backofen warmstellen.
In dem Bratensatz 1 große gewürfelte Zwiebel, 1 Handvoll in Würfel geschnittene Karotte und Sellerie anbraten, mit 3 Esslöffel rotem Balsamicoessig ablöschen, 1 Tasse Brühe oder Wasser zugeben und etwa um die Hälfte reduzieren. Wieder 1-2 Tasse Wasser/Brühe zugeben und nochmal reduzieren. Die Rouladen zurück in die Sauce geben, dazu Lorbeerblatt, Pimentkörner und 2 Knoblauchzehen, auffüllen mit Rotwein. Sie sollten zu 2/3 mit Flüssigkeit bedeckt sein. Deckel drauf und sanft im Ofen oder Herd schmoren lassen, bis sie weich sind. Ein- bis zweimal wenden und die Rouladen wieder rausnehmen.
Die Sauce mit dem Gemüse pürieren, das gibt gleich Bindung oder durch das Sieb geben und mit kalt angerührter Stärke binden, kurz aufkochen. Abschmecken nach eigenem Geschmack.

Rinderroulade wie bei Muttern

Rinderrouladen plattieren, bestreichen mit Senf, würzen mit Salz und Pfeffer, belegen mit Gurkensticks, 15 g Speck in Streifen, 2-3 Zwiebelscheiben. Fest zusammenrollen, dann entweder binden oder mit der guten alten Rouladennadel fixieren, Holzstocher gehen auch.

In einer heißen Pfanne mit Öl von allen Seiten braun anbraten. Die Rouladen rausnehmen, in einen Topf geben, zudecken und am besten im Backofen warmstellen.

In dem Bratensatz 1 große gewürfelte Zwiebel, 1 Handvoll in Würfel geschnittene Karotte und Sellerie schön braun anbraten, damit Röstaromen entstehen, 1 Esslöffel Tomatenmark zugeben und auch mit rösten, 1 Tasse Brühe oder Wasser zugeben und etwa um die Hälfte reduzieren. Wieder 1-2 Tasse Wasser/Brühe zugeben und nochmals reduzieren. Die Rouladen zurück in die Sauce geben, dazu Lorbeerblatt, Pimentkörner und auffüllen mit Wasser oder Brühe. Sie sollten zu 2/3 mit Flüssigkeit bedeckt sein. Deckel drauf und sanft im Ofen oder Herd schmoren lassen, bis sie weich sind, ein- bis zweimal wenden. Die Rouladen wieder rausnehmen.

Die Sauce mit dem Gemüse pürieren, das gibt gleich Bindung oder durchs Sieb geben und mit kalt angerührter Stärke binden, kurz aufkochen.

Der Geschmack der Sauce ohne Gemüsepüree ist fleischiger. Entscheidet selbst. Die Sauce noch mal abschmecken nach eigenem Geschmack.

Festtagsbraten – Sonntagsbraten

von Wild, Lamm, Rind und Kalb

Viele trauen sich nicht mehr ran oder sagen, es dauert zu lange.
Andererseits leuchten die Augen, wenn es heißt, Mutter oder Großmutter hat Braten vorbereitet mit Sauce, Klößen und Gemüse.
Ja, ein bisschen Handwerkszeug braucht man und Erfahrung. Aber die kommt nur durchs Selbermachen.
Der Zeitfaktor? In meiner Kindheit war es völlig normal, dass Mutter den Sonntagvormittag in der Küche verbracht und gekocht hat. Meist hat sie noch einen Kuchen nebenher gebacken. Sonntagnachmittag war Freizeit angesagt.
Heute ist der Freizeitfaktor ein anderer. Essen soll nebenher und schnell gehen.
Gut, Leben verändert sich. Doch ehrlich, wäre es nicht jammerschade, wenn die Kultur des Sonntagsbratens völlig untergeht? Ich hoffe auf genügend Nachwuchs, der es erhält und darum nachfolgend mein Wissen für jetzt und später.
Übrigens, meine Saucen- und Bratenworkshops sind immer schnell ausgebucht. Das lässt mich optimistisch blicken.

Wie geht es also?

Das Fleisch mit Kräutern und Gewürzen, Salz, Pfeffer kräftig einreiben. Marinieren ist auch sehr gut, je nach Fleischsorte. Wild wird häufig in Buttermilch, Lorbeer, Piment mariniert, Rind und Lamm eher in Rotwein, Rosmarin, Thymian, Knoblauch.
Das Fleisch aus der Marinade heben, abtrocknen und in heißem Öl von allen Seiten richtig braun anbraten, danach rausnehmen und bei ca. 80 Grad im Backofen warmstellen.
Zwiebel, Möhre, Sellerie in grobe Würfel schneiden, in den Bratansatz geben und richtig braun braten. 2 Eßlöffel Tomatenmark dazu geben, mit anrösten. Ablöschen mit etwas Rotwein oder Traubensaft, reduzieren lassen, wieder ablöschen, reduzieren lassen, Brühe oder Wasser angießen. Aufkochen, Fleisch einlegen und im Backofen oder auf dem Ofen zugedeckt und sanft schmoren bis der Braten weich ist. Der Braten sollte nur zu 70 % bedeckt sein, in einem nicht zu großen Topf.
Das Fleisch ist gar, wenn man mit einer Fleischgabel reinsticht und das Fleisch fast von der Gabel fällt. Wie lange das dauert? Das ist jedes Mal anders.
Das Fleisch rausnehmen, warm stellen. Die Sauce durch ein Sieb gießen und die Sauce mit Stärke oder Mehlbutter binden.

Stärke maximal 90 Sekunden kochen.
Mehlbutter mindestens 10-15 Minuten köcheln lassen. Man kann das Gemüse pürieren und erhält dadurch Bindung, allerdings auch einen anderen Geschmack, die Sauce schmeckt „gemüsiger".

Die Sauce kann mit Rotwein oder einem Schuss Alkohol verfeinert werden, manche geben auch gern saure Sahne zu.
Für einen Braten brauche ich mindestens 800 g Fleisch, 1000 g ist besser. Solche kleinen Braten schmore ich im Topf, ganz sanft auf dem Herd. Größere Braten ab 1,5 kg im Backofen, zugedeckt im Bräter bei 140-180 Grad, je nachdem wieviel Zeit ich habe. Das dauert aber schon mal 2-3 Stunden. Einmal in der Stunde drehen, mehr Arbeit ist es nicht.
Den Braten ein oder zwei Tage im Voraus zu machen, dann in der Sauce ziehen lassen, bringt richtig guten Geschmack.

Beim Schmoren hat man den größten Bratverlust. So kann es schon sein, dass Rind oder Wild bis zu 40 % verlieren. Das bitte einplanen.
Wenn ich schon Braten zubereite, dann immer mindestens 1,5 bis 2 kg.
Dann lohnt sich der Aufwand und ich kann mindestens noch für ein zweites oder drittes Essen eine ordentliche Portion einfrieren. Gleich Fleisch und Sauce zusammen. Wie war das mit dem Zeitfaktor?

Kleine Geschichte am Rande

Neuerdings sehe ich immer mehr, dass Rouladen, Gulasch, Braten im guten alten Einweckglas angeboten werden. Toll, das erinnert an meine Kindheit in den Siebzigern. Wir haben im Januar/Februar geschlachtet und da wurde alles was ging in Gläser gepackt. Wurst, Gulasch, Rouladen usw. Das war die Basis und der Gang zum Fleischer war eher seltener oder wenn Besuch kam. Dann freuten wir uns, dass es mal etwas anderes gab und der Besuch freute sich auf die Wurst im Glas. Das konnten wir Kinder nicht nachvollziehen. Meine Familie liebte Bockwurst, Vater fand zu der Zeit die von Schulze Fleischer am Sächsischen Hof in Cunewalde am besten. Also fuhr ich mit dem Fahrrad durchs ganze Dorf - und unser Dorf ist lang. Verstanden habe ich das nicht wirklich, weil es in der Nähe den Hempel Fleischer, den Kutschke Fleischer und den Kohlmann Fleischer gab. Aber Widerstand war zwecklos, beim Essen verstand Vater keinen Spaß. Naja und mir hat es Bewegung verschafft und immer eine kleine Extrawurst, die ich heimlich gleich nach dem Fleischereinkauf genascht habe.

Gewiegtebrutl - wie Derheeme gemacht

Traditionell gibt es in der Oberlausitz *Gewiegtebrutl*. Das Wort ist ganz einfach zu übersetzen. Gewiegtes ist das mit dem Messer gewiegte, also zerkleinertes Fleisch. Gut, das erledigen wir seit langem mit dem Fleischwolf. Aber ein richtig gutes Gewiegtes aus Rindslende, auch als Tatar bekannt, wiegen Spitzenköche immer noch mit dem großen Messer. *Brutl* – das ist ein Brötchen oder Brot. In unserem Falle am besten altbackenes Weißbrot.

Da haben wir also schon das in der Oberlausitz überall bekannte *Gewiegtebrutl*. Mir klingt noch ein Spruch von früher im Ohr: „Na, bei dem *Gewiegtebrutl* hat wohl wieder der Bäcker gesiegt.“ War die Hausfrau sehr sparsam oder die Kasse klamm, kam eben reichlich Brot in die Mischung rein. Das war billiger als Fleisch. Natürlich merkte man das an der Konsistenz und am Geschmack. Warum überhaupt Brot ins Fleisch? Es macht die Gewiegtebrutl einfach saftiger und die Konsistenz ist weicher. Nur die Menge sollte passen.

Burger - der neue Trend

Die moderne Variante für das Gewiegte ist der Burger und heute überall zu bekommen. Mittlerweile stehen sie auch auf vielen Speisekarten von Dorfgaststätten. Ein Burger ist im Grunde genommen einfach nur durch die grobe Scheibe des Fleischwolfes gedrehtes Fleisch. Maximal kommt noch Salz und Pfeffer dran. Geschmack und Würze liefern die Saucen und das Beiwerk. Ein Burger sollte aus gutem Fleisch gemacht werden, weil er nur medium rare gebraten wird. Ist er durchgebraten, was leider viel zu häufig passiert, schmeckt er trocken und ist sehr fest. Da helfen die kunstvoll hohen Burger Türme mit Brötchen, Saucen, Gemüse, Salat, gebratenem Speck und anderem nur bedingt.

Was ich auch schade finde: Man bekommt die hohen Burger einfach nicht gut in den Mund. Einen Burger von oben nach unten abzuessen ist nichts gegen das Gefühl, reinzubeißen in einen herrlich saftigen Fleischbratling, gebettet zwischen zwei weichen Brötchenhälften, die mit einer oder auch zwei gut abgestimmten Saucen bestrichen sind. Ein Blättchen Salat und ein, zwei Stück Gemüse dürfen sein. Nein, ich möchte keine Maulsperre bekommen – einen Bissen von allem im Mund und den vollen Geschmack spüren, so macht mir Burger essen Spaß. Der Ursprung der Burger-Mode war ja wohl der Hamburger. Es tut mir leid, ich werde vom schnellen Burger leider weder satt noch froh. Bin halt doch bisschen altmodisch, aber mein Mann liebt Burger.

Mein Mann Lutz beim Genuss eines Burgers

Gewiegtebrutl

Die Brötchen in Wasser einweichen, eventuell dabei beschweren. Die Zwiebel so klein wie möglich schneiden. Hackfleisch in die Schüssel geben, Brötchen nur leicht ausdrücken und zugeben, alle anderen Zutaten beigeben und einen Teig kneten.
Die Masse würzig abschmecken, obige Mengen sind nur ein Anhaltspunkt. Gleich große *Brutl* mit der Hand (ich nutze als Hilfsmittel eine Kelle) formen. Reichlich Öl in einer größeren Pfanne erhitzen. Das Semmelmehl in eine flache Schüssel geben und die *Brutl*, kurz bevor sie in das heiße Fett kommen, darin wälzen. Die *Brutl* von beiden Seiten braten. Bei der Druckprobe sollen sie noch etwas nachgeben, sonst werden sie zu trocken. Aus der Pfanne nehmen und auf Küchenpapier legen. Das zieht überflüssiges Fett raus. Ob kalt oder warm, so ein *Brutl* schmeckt immer.

TIPP

Hände weg vom eingeschweißten Hackfleisch!
Der Geschmack ist nicht annähernd so gut wie frisches Hack vom Fleischer „um die Ecke".

Einmal kochen & zweimal essen

Die doppelte Menge zubereiten. Eine Hälfte braten und die andere Hälfte zu einem Brot formen – im Backofen gebacken bei ca. 170-180 Grad wird daraus ein wunderbarer Hackbraten. Den können wir kalt oder warm essen. In die Hackmasse gebe ich gerne klein geschnittene Möhren und Selleriewürfel. Die sind pure Geschmacksverstärker und optisch macht es auch mehr her.
Aus dem gleichen Teig könnt ihr auch die berühmten Klopse herstellen. Meist klassisch, in Kapern- oder Dillsauce.

Wie könnt ihr das *Brutl* aufpeppen?

In die Mitte einen Würfel Käse geben: Gouda, Feta, Mozzarella …
Oder frische Champignons oder Zucchini kleinschneiden und unter den Fleischteig geben. Das *Gewiegtebrutl* mit Tomate und Käse belegen und überbacken.

Was könnt ihr dazu essen?

Eigentlich fast alles.

Als Imbiss nehme ich den Klassiker
Kartoffelsalat und Blattsalat.

Als Mittagessen je nach Jahreszeit
mit klassischem Bohnen- oder Mischgemüse,
auf einem Tomaten-Zucchinigemüse und Reis,
auch gebratene frische Pilze, gerne mit etwas Sahne gebunden.

Im Frühjahr
mit Kohlrabigemüse - einfach unschlagbar.

Im Sommer
mit Gurkensalat und Abernmauke (Kartoffelmus).

Cordon Bleu und die Schweiz

An was denkt ihr bei dem Wort Cordon Bleu? Viele, die der französischen Sprache mächtig sind, werden sagen: Das heißt blaues Band. So nennt sich eine Auszeichnung, die in Frankreich für besondere Kochkunst vergeben wird. Umgangssprachlich wäre wohl die Übersetzung „Küchenfee" möglich. Natürlich gibt es auch noch das Blaue Band in der Seefahrt – Anfang des 19. Jahrhunderts wurde das Blaue Band verliehen für die schnellste Atlantiküberquerung. Das war ein Wettkampf, den die Öffentlichkeit sehr beachtet hat, hartnäckig hält sich übrigens auch der Mythos, dass die Titanic im Jahre 1912 daran beteiligt war.

Aber ich, eure Carola – woran denke ich, wenn ich Cordon Bleu höre? Ich denke an ein Schnitzel! Gefüllt mit schmelzendem Käse und saftigem Kochschinken, außen eine knusprige Panade aus Semmelbrösel. Geht's euch genauso? Gesundheitsbewusste und Ernährungsberater stöhnen auf – Fleisch in Kombination mit Käse, dazu die Kohlenhydrate aus weißem Mehl, zu allem Übel auch noch in Fett ausgebacken … Dieses Gericht muss der Teufel geschaffen haben. (Warum nur schmecken ungesunde Dinge so gut?)

Vor nicht all zu langer Zeit, im August, erfüllte sich zum 60. jugendlichen Geburtstag meines Göttergatten ein Traum – Göttergatte ist ehrlich gemeint, mein Mann ist das Beste, was mir passieren konnte. Wir fuhren fünf Tage mit den unterschiedlichsten Bahnen durch die Schweiz. Dabei war ein Reiseziel die Stadt Brig im Oberwallis. Wir hatten in dieser gediegenen Stadt, umrahmt von Bergen, an einem heißen Sommertag ganze vier Stunden Zeit und ich entdeckte folgendes: Wir laufen durch die Altstadt, zum Schloss und zur Saltina Brücke. Unterwegs lesen wir alle Erläuterungen und Geschichten, die so üblicherweise an den Sehenswürdigkeiten angebracht sind. Am Bahnhofsausgang steht ein Wegweiser mit den Namen vieler Gaststätten in alle Richtungen. Nur irritierend immer das Wort Cordon Bleu davor.

So eines hatten wir übrigens am Vorabend in Zermatt in der Waliser Kanne mit Genuss verspeist: 350 g Kalbfleisch mit Schinken und Schweizer Käse, dazu Kräuterpommes und ein Klecks Gemüse. So viel Fleisch – der Wahnsinn! Und da ich mir ja vorstellen konnte, das ist alleine nicht zu verdrücken, bestellten wir nur eine Portion für 45 Franken. Die war gut und hatte Fleisch für zwei.

Nun aber – was bedeuteten die vielen Cordon-Bleu-Hinweise auf dem Wegweiser? Eine Köchin aus Brig soll dieses Fleischgericht vor rund 200 Jahren erfunden haben. Wie so vieles Geniales, ist das Cordon Bleu aus der Not entstanden. Das Wirtshaus erwartete eine größere Gruppe, für die Schweinscarrée geplant war. Nun kam aber kurzfristig noch eine, etwa gleich große, Gruppe dazu und die Köchin machte aus der Not eine Tugend. Fügte der zu knapp bemessenen Menge Fleisch viel Schinken und Käse hinzu und beköstigte alle zur höchsten Zufriedenheit. Der Patron war so glücklich, dass er seine Köchin scherzhaft mit dem Cordon Bleu, dem Blauen Band, auszeichnen wollte. Das lehnte die Köchin dankend ab und wünschte sich nur, dass das Gericht fortan Cordon Bleu heißen sollte. Das geschah und damit nahm der Siegeszug des Cordon Bleu weltweit seinen Lauf. Auch heute noch zaubert ein gutes Schnitzel, gefüllt oder ungefüllt, egal ob von Huhn, Schwein oder Kalb, ein glückliches Bauchgefühl. Geschichte wahr oder unwahr? Egal, von mir bekommt der Erfinder das Blaue Band.

Das Superschnitzel - wie gelingt es!

Diese Fragen bekomme ich immer wieder gestellt:

Welche Panade benutze ich?

Da ist ganz viel möglich. Ich nehme alles, außer die industriellen Semmelbrösel. Diese sind zu fein gemahlen und schmecken mir persönlich nicht. Fast alle Bäcker bieten Semmelbrösel an. Hergestellt aus übrig gebliebenen Brötchen. Noch einfacher, macht sie selbst aus euren Brotresten. Hinweise dazu findet ihr im Artikel Altes Brot verwerten.
Die Brösel sollten nicht zu fein sein. Ihr könnt auch mit der Hand zerdrückte Cornflakes oder feine Haferflocken unterheben.
Bereits seit einigen Jahren schwören Fernsehköche auf Pankomehl. Das ist ein grobes Paniermehl aus der asiatischen Küche. Damit habe ich sehr gute Erfahrungen gemacht.

Welches Fett ist günstig?

Klassisch wird das Schnitzel schwimmend in heißem Fett ausgebacken, also frittiert. Das geht mit vielen Fetten oder Ölen.

Hier eine Auswahl Fette, die ich benutze:

Butterschmalz	das Feinste vom Geschmack
Schweineschmalz	kann man 3-4 mal wiederverwenden
Raps-, Sonnenblumenöl	das Üblichste im Haushalt
Kokosöl	das Gesündeste mit 9o Prozent gesättigten Fettsäuren
Erdnussöl raffiniert	mit einem sehr hohen Rauchpunkt bis 230 Grad
Rinderfett	das traditionelle Frittierfett womit ich groß geworden bin. (In Belgien werden Pommes nur damit frittiert, sie sollen die Weltbesten sein.)

Ihr merkt schon, ich mag mich nicht festlegen.

TIPP

Alle kaltgepressten Öle sind nicht zum Braten geeignet, weil ihr Rauchpunkt viel zu niedrig ist.

Wie frittiere ich am besten?

Fett macht fett! Das stimmt schon. Doch wie immer macht die Menge das Gift. Darum ist es wichtig zu wissen, wie ich fettsparend frittiere.

Hier meine Empfehlung und einige Tipps dazu:

Einen Topf oder Pfanne nehmen, der mindestens doppelt, besser dreimal so hoch ist wie das eingefüllte Fett. Warum? Läuft das Fett über, kann es auf der heißen Herdplatte anfangen zu brennen. Wenn das passiert, sofort die Flammen mit einem Tuch ersticken. NIEMALS mit Wasser löschen.

Bei flachen Stücken wie Schnitzel reichen 2-4 cm Fetthöhe.
Die Temperatur ist das Entscheidende. 170-180 Grad sind das Optimum. Darüber werden vermehrt die schädlichen Transfette gebildet. Diese Transfette sind ein Turbo für Bluthochdruck, Schlaganfall und Herzinfarkt. Also lohnt sich schon mal das Einhalten der Temperatur. Wie mache ich das? Das Einfachste, mit einem Thermometer. Aber es gibt da noch einen uralten, bewährten Trick, ganz ohne Technik. Der gute alte Holzlöffelstiel oder ein dicker Schaschlikspieß aus Holz hilft auch. Fett erhitzen und ab und zu den Holzlöffelstiel reinstellen. Bilden sich am Stiel Bläschen, hat das Fett die richtige Temperatur.

Die perfekte Temperatur nutzt wenig, wenn ich zuviel Fleisch auf einmal in das Fett gebe. Die Temperatur stürzt ab und das ist genau der Punkt, wo sich alles voll Fett saugt. Besser nach und nach frittieren und eventuell im Backofen bei 80-90 Grad warmhalten.
Sofort nach dem Ausbacken wird das Schnitzel auf Küchenpapier gelegt und damit entfettet. Ihr werdet staunen, was da rausgezogen wird.
Übrigens, wir haben in meinen Workshops bewusst die Menge Fett gemessen, welche verbraucht wird. Mit der richtigen Temperatur war der Verbrauch viel niedriger als erwartet. Meine Kochbegeisterten waren positiv überrascht. Gewusst wie!!!

Was tun mit dem Fett danach?

Nur leicht abkühlen lassen, aber zeitnah durch ein feines Sieb in einen hohen Topf geben. Die feinen Schmutzpartikel setzen sich unten ab. Ist es kalt geworden, einfach in die Flasche zurückgeben und dunkel, wenn möglich kühl stellen. Dann einfach weiterverarbeiten zum Braten oder dem nächsten Frittieren. Einzig aufpassen, dass man nicht das Fischfrittieröl zum Fleisch braten nimmt und anders herum.

Wie häufig kann ich das Fett wieder verwenden?

Das hängt von der frittierten Menge ab. Sobald das Fett anfängt zu sehr zu schäumen, ist es verbraucht. Auch der Geruch nach altem Fett ist ein klares Indiz. Ist es zu dunkel, war die Temperatur zu hoch. Besser entsorgen.

So, jetzt hoffe ich, ihr habt euer Wissen über das Ausbacken im Fett aufgefrischt oder ein paar neue Anregungen erhalten. Diese Garmethode sollte nicht zu häufig auf eurem Speiseplan stehen. Denkt dran: „Die Menge macht das Gift". Aber ab und an, ohne schlechtes Gewissen zu genießen, ist ganz sicher kein Fehler.

Meine Favoriten für Gefülltes Schnitzel:

Schnitzel von Schwein oder Kalb gefüllt mit:

Camembert und Preiselbeeren
Raclettekäse und Lachsschinken
Harzer Käse und Apfelspalten, ein Geheimtipp
Feta oder Mozzarella, mit Tomaten und Knoblauch - Kräutermischung
Bluemaster dazu Schinken oder auch Walnüssen

Schnitzel von Huhn und Pute:

Frischkäse mit Kräutern und Schinken
Gorgonzola und Birnenspalten, alternativ halbierte Weintrauben
fester Ziegenfrischkäse, getrockneten Aprikosen, mit Thymian

Habe ich eigentlich erwähnt, dass Gemüseschnitzel lecker sind? Sie können auch gefüllt werden. Dazu eignen sich zum Beispiel Sellerie, Zucchini und Kohlrabi.

Cordon Bleu

Das Original BRIGER REZEPT

4	Schweinsschnitzel im Schmetterlingsschnitt
4	Scheiben zarter Rohschinken
1	Ei
100 g	Raclette Käse
120 g	Paniermehl
50 g	Mehl
	Pfeffer & Salz

Das Schweinssteak im Schmetterlingsschnitt zuschneiden.
Je nach Größe das Fleisch etwas ausklopfen. Mit Salz und Pfeffer würzen. Nun das Ganze mit Rohschinken und Käse so füllen, dass der Käse nicht auslaufen kann. Zuerst im Mehl wenden. Dann durch das Ei ziehen und zum Schluss im Paniermehl wenden. Noch einmal gut das Paniermehl an das Fleisch drücken. Im Fett schwimmend ausbacken.

Natürlich gelingt das Original Briger Cordon Bleu nur, wenn man den richtigen Käse und Schinken aus dem Schweizer Wallis verwendet, sagen die Schweizer. Recht habt ihr, nur leider ist das nicht immer möglich, und damit wir auf das Vergnügen nicht verzichten müssen, kaufen wir etwas Gutes von hier.

Und es schmeckt nicht nach Schaf …

Bei uns zu Hause kam Schaf nicht auf den Tisch. Mein Vater lehnte Schaffleisch ab, und was Vater nicht aß, hat Mutter nicht gekocht. War damals so, heute wird eher das nicht gekocht, was die lieben Kleinen nicht mögen. Bei mir heißt es bis heute: Wir probieren alles – und entscheiden dann. In meiner langen Zeit in der „normalen“ Gastronomie war Schaf auch kein wirkliches Thema. Obwohl, zu meiner praktischen Meisterprüfung 1985 habe ich unter anderem ein Lammcurry gekocht. Heute ist so ein Currygericht völlig normal, damals war's etwas Exotisches.

Warum nun also rufen so wenige Leute bei Schaf „Hurra"? Dass Schaf nach Stall schmeckt und sein Fleisch nicht gut riecht, weder beim Kochen noch beim Essen, das ist so fest in vielen Köpfen verwurzelt, dass es schwer fällt, das wieder heraus zu bekommen. Ich versuche es jetzt trotzdem mal. Ja, Schaf hat einen eigenen Geschmack und kann stark riechen. Dafür sind das Alter, die Hormone, die Haltung zuständig. Nun war es früher so, dass die Wolle wichtig war und die meisten Tiere ein längeres Leben hatten. Das schmeckt nach altem Hammel, ein geflügeltes Wort. Dieses Fleisch sollte wirklich nur in die Wurst. Damals kamen die Tiere über den Winter in einen kleinen, stickigen Stall, das Einstreu wurde wenig gewechselt. Das war früher durchaus normal. Man braucht sich nur einmal in unserer Region, der Oberlausitz, ein typisches, wenig umgebautes, altes Umgebindehaus anzusehen. Diese Häuser haben einen ganz besonderen Baustil, Blockbauweise in der Stube kombiniert mit Fachwerk im Obergeschoss. Jedenfalls: Meist, getrennt duch einen Flur, war im Erdgeschoss in diesen Häusern neben der Blockstube ein Massivbau für einen Stall, aus Feldstein gemauert, für Schafe, Ziegen, Hühner. Der Platz war knapp und viele Mäuler mussten gestopft werden. Der Geschmack war da wohl nicht so vordergründig. Das ist lange her.

Heute geht gute Schafaufzucht anders. Ich kenne viele, die im Frühjahr das Lamm auf die Wiese stellen und im Herbst wird's geschlachtet. Wenn die Lämmer einen Winter im Stall stehen, werden sie Schafe. Die Ställe zur Überwinterung sind viel großzügiger, Sauberkeit und das Tierwohl haben heute einen höheren Stellenwert. Also, dieses Schaf-Problem gibt's nicht mehr. Es gibt auch Schafrassen, zum Beispiel das Schwarzkopfschaf, bei denen ich überhaupt keinen penetranten Geruch feststellen konnte. Diese Sorte war es auch, die mich zur Wiederentdeckung des Schaffleisches brachte. Ganz um die Ecke rum, habe ich zwei Züchter gefunden, Andrea und Michael Harig aus Crostau. Ihre Geschichte, also wie die beiden zum Schaf kamen, was Schafzucht bedeutet und dass daraus fast eine Lebensaufgabe geworden ist, hat mich fasziniert. Lest das einfach nach ab Seite 30.

Ich selbst entdeckte durch einen Zufall das Schaf wieder neu für mich. Aber Zufälle gibt es ja bekanntlich nicht. Albrecht Wagner, Landwirt aus Dürrhennersdorf, suchte für seine Frau Carola Macarons. Die macht meine Macaron-Diana aus Dresden in Workshops bei mir. Damit begann meine Bekanntschaft mit Albrecht und Carola. Wir waren uns schnell „grün" und so feierte er seinen 60. Geburtstag in meiner Kleenen Schänke. Sein Wunsch: „Es gibt mein Schwarzkopfschaf." Bis dahin hatte ich nur neuseeländisches Lamm verarbeitet und ihr ahnt es, dieses Fleisch gewann sofort meine Sympathie. So fein und lecker. Ich bestellte für meinen Workshop ein ganzes Schaf mit allem Drum und Dran. Zum Ostermarkt bei Heinkes Hammermühle in Bautzen konnten wir Schafknacker anbieten und alle schnell verkaufen. Aus den Innereien habe ich Haggis hergestellt, das Nationalgericht der Schotten. Mutiger geworden, bestellte ich im Folgejahr gleich zwei Schafe. Dann kam Corona und der lange, traurige Stillstand auch in meiner Küche und Gaststube. Die zwei Schafe durften einen Sommer länger leben.

Albrecht erwägt, bald mehr Schafe zu füttern, und ich kümmere mich insbesondere in meiner Küche darum, dass die Vorurteile bei den Menschen schwinden. Habe ich schon erwähnt, dass der ökologische respektive CO2-Fußabdruck von Schaf- und Lammfleisch bei 76 liegt, der von Rind- und Kalbfleisch bei 157? Schaf und Lamm beanspruchen das Ökosystem, die natürlichen Ressourcen bei der Aufzucht einfach weniger. Welcher Spruch fällt mit da als gelernter DDR-Bürger ein?

„Schaf und Lamm auf jeden Tisch."

Ein Besuch bei Albrecht Wagner und meinen bestellten Schafen

Gastgeschichte von Andrea und Michael Harig

Wie wir auf die Schafzucht kamen

Der Traum von meinem Mann und mir war es schon seit der Kindheit, Tierarzt zu werden und mit Tieren zu arbeiten. Wie das Leben eben so spielt, sind wir beide in anderen Berufen „gelandet", die uns auch sehr erfüllt haben. Der Traum von den Tieren aber blieb.

Im Frühjahr 2012 sind wir bei einem Spaziergang zufällig an einer unbearbeiteten Wiese stehen geblieben und haben uns gefragt, ob man hier nicht ein paar Schafe darauf stellen kann.

Gesagt - getan: Pachtvertrag abgeschlossen, Zäune gebaut, einen Wetterunterstand aufgestellt und Lämmer besorgt. Als dann der Herbst und damit die Schlachtzeit kam, habe ich meinen Mann gefragt, ob wir nicht einen Bock und zwei, drei Muttern behalten und gleich selber Lämmer aufziehen könnten. Aber dazu brauchten wir einen Stall, Heulager, Futterraufen, Tränken und, und, und. Zum Schluss hatten wir so viel investiert, dass wir uns überlegten, nicht einfach nur Schafe zum Schlachten zu halten, sondern eine Herdbuchzucht mit Schwarzköpfigen Fleischschafen aufzubauen. Von den besten Züchtern aus Bayern und Brandenburg kauften wir uns die ersten Herdbuchtiere, später auch noch von Hessen. Sachkundelehrgänge wurden besucht und der Erfahrungsaustausch mit namhaften Züchtern aus vielen Bundesländern gepflegt. Mit Unterstützung des Sächsischen Schaf- und Ziegenzuchtverbandes gelang es uns, eine solide Zucht aufzubauen, wobei ein großer Schwerpunkt auf die Tiergesundheit gelegt wird. Mittlerweile verkaufen wir Zuchtböcke in Bockauktionen und weibliche Zuchttiere bundesweit. Diese sorgen dann ihrerseits für gesunde, frohwüchsige Lämmer, welche dann noch vor Ablauf des ersten Lebensjahres geschlachtet und vermarktet werden. Die Arbeit mit den Schafen bereitet uns sehr viel Freude. Natürlich ist es auch mit Arbeit verbunden – Schafe kennen keine Sonn- und Feiertage. Aber vielleicht macht es das gerade auch aus. Gerade der tägliche Aufenthalt in der Natur, egal bei welchem Wetter, bringt uns die Natur erst richtig nahe. Es ist uns ein großes Bedürfnis, die Tiere gut zu halten. Das bedeutet: viel Stallfläche (mehr als nach Bio-Norm gefordert), immer gutes, ausreichendes Futter und frisches Trinkwasser, sofortiges Eingreifen bei Unfällen oder Krankheiten und stets ruhiger und entspannter Umgang mit den Tieren. Der Umgang mit den Schafen bringt immer wieder Überraschungen und eine tiefere Einsicht in das Wesen der Tiere. Ich sage immer: Tiere sind auch nur Menschen.

Gastrezepte von Andrea und Michael Harig

Lammgulasch mit Rotwein

Das geschnittene Fleisch in der Marinade aus Balsamico, Olivenöl, reichlich Pfeffer (kein Salz) 3-4 Stunden ziehen lassen.
Danach das Fleisch aus der Marinade nehmen und gut abtropfen, in Butterschmalz scharf anbraten und Schalotten, Knoblauch, Paprikapulver, Rosmarin und Chili dazugeben. Nun Tomatenmark unterrühren und anrösten.
Zum Schluss die Marinade wieder dazugeben und mit dem Rotwein und Fond 40-60 Minuten schmoren lassen. Mit etwas Salz abschmecken.

Lammkeule im Ofen geschmort

1	Lammkeule auch mit Knochen
100 g	Butterschmalz
500 g	Wurzelwerk
500 ml	Rotwein
500 ml	Lamm- oder Rinderfond
60 ml	Olivenöl
3	Knoblauchzehen in Scheibchen
3	Zwiebeln geviertelt
	frischen Salbei und Rosmarin
	etwas frischen Zitronensaft
	Salz und Pfeffer

Lammkeule mit Salbei, Rosmarin und den Knoblauchscheiben belegen. Mit Zitronensaft und Olivenöl einpinseln. In Frischhaltefolie einwickeln und über Nacht im Kühlschrank ziehen lassen.
Auswickeln, mit Salz und Pfeffer würzen und in Butterschmalz von allen Seiten scharf anbraten. Dann Zwiebeln und Wurzelwerk mit anrösten. Mit Rotwein und Lammfond aufgießen, Deckel drauf und bei 180 Grad im Ofen 2,5-3 Stunden (je nach Größe der Keule) schmoren.
Danach Fleisch herausnehmen, Soße durch ein Sieb geben und bis zur gewünschten Konsistenz einkochen.
Abschmecken und gegebenenfalls abbinden.

TIPP

Dazu passen Bohnengemüse und Kartoffeln. Aber auch Gemüse aus frischen Champignons, in Zwiebeln und Butter gebraten und mit Schlagsahne gar geköchelt.

Marinierte Lammkoteletts für den Grill

8		doppelte Lammkoteletts
1		Zitrone
8		Tomaten
1/2		Tasse Cognac
2	EL	Kräuter (Salbei, Minze, Estragon, Basilikum, Rosmarin, Thymian)
1	EL	Butter
2	EL	ÖL
		Salz und Pfeffer

ÖL, Zitronensaft, Cognac, Gewürze und Kräuter verrühren und die Koteletts über Nacht darin einlegen. Auf das vorbereitete, gut erhitzte Grillrost legen und jede Seite 8 Minuten grillen.

Die Tomaten waschen, abtrocknen, kreuzweise einschneiden, mit Salz und Pfeffer bestreuen und ca. 10 Minuten mitgrillen. Vor dem Servieren der Tomaten die Butter und etwas Kräuter drüber geben.

Weihnachten beginnt im August!

Weihnachten im August – was soll das sein? Hat es etwas mit den ersten Dominosteinen und Spekulatius-Packungen in den Supermärkten zu tun? Nein. Für mich fängt das Fest der Feste im August an – weil der Beifuß zu ernten ist! Wenn es ein Gewürz gibt, das für eine gut verdauliche Gans wichtig ist, dann diese Pflanze aus der Gruppe der Wermutgewürze. Das Tolle daran: Beifuß wächst auf unseren Feldern, Brachen, am Gartenrand. Völlig anspruchslos und wenn er erstmal seinen Platz gefunden hat, jedes Jahr wieder. Darum halte ich Ausschau, wenn es soweit ist, hole mir einen ganzen Arm voll davon nach Hause und lasse ihn in einem Korb im Flur trocknen. Dort ist der Beifuß zugleich Dekoration. Das gedämpfte Licht und der regelmäßige Luftzug tun ihm gut. Spätestens im Oktober verarbeite ich ihn. Einen Teil binde ich zu Sträußchen, die ich für die Weihnachtsbraten brauche. Den Rest reble ich ab, dann kommen Mutters schöne alte Einweckgläser zum Einsatz. Die stehen aufgereiht in meiner Küche, gefüllt mit meinen Schätzen.

Ich mache je nach Jahreszeit meine Gewürzmischungen selbst. Damit kann ich einiges an Salz sparen und meine Küche bekommt durch die eigenen Würzmischungen den besonderen Pfiff. Da ich „Maggi" seit Jahren aus meinen Schränken verbannt habe, ist das unbedingt erforderlich.

Im Herbst und Winter darf also der Beifuß in der Küche nicht fehlen. Mit seiner leichten Bitternote und der Gabe, schwer Verdauliches verdaulich zu machen, ist er mein Favorit neben den anderen wertvollen Wintergewürzen.

Weihnachten mit Gans und Ente

Es geht um Weihnachten und ich habe bisher nur über Beifuß geschrieben. Wo bleibt der Gänsebraten und alles, was dazu gehört? Natürlich gebe ich euch auch noch mein Rezept für Gans und Ente – aber vorher erzähle ich meine ganz besondere Weihnachtserfahrung.

Bis vor einigen Jahren kam jedes Jahr zum ersten Feiertag meine Großfamilie Sieber zusammen. Immer an die knapp dreißig Personen und da fehlten sogar noch einige. Was das für mich hieß? Seit 1980 Kocheinsatz zum 25. Dezember: mehrere Gänse, rund 70 Hefeklöße, mindestens vier Kilo Rotkohl, drei Kilo Rosenkohl, fünf Liter hausgemachte Grütze zum Nachtisch. Natürlich alles selbst zubereitet, in der großen Bauernküche meiner Eltern. Gekocht wurde bis zuletzt mit einem Kohle-Küchenherd. Den habe ich geliebt und wenn es ginge, würde ich ihn sofort in meine Küche stellen.

Meine große Familie alljährlich zum ersten Feiertag

Die ganzflächige, große Herdplatte mit ihren unterschiedlichsten Heizzonen – von ganz heiß bis zum Warmhalten, alles ist möglich! Ehrlich, die neue Technik in meiner Küche mag ich schon, aber eigentlich braucht man das Meiste gar nicht.

Ganz alleine konnte ich das Kochen natürlich nicht stemmen. Jeder hatte da seine Aufgabe. Ich habe vier Geschwister und jedes Jahr hatte eine andere Familie Vorbereitungsdienst. Das hieß, dass sich auch die allesamt älteren Brüder für zwei Tage unter meine Fuchtel begeben mussten. Haben sie aber gut hinbekommen, ihre kleine Schwester als Familienfeldwebel zu ertragen. Was man für ein friedliches, leckeres Weihnachtsfest doch so alles auf sich nimmt.

Nun sind die Eltern nicht mehr da und wir Geschwister feiern in der mittlerweile immer größer werdenden eigenen Familie. Neue und alte Traditionen werden nach wie vor gepflegt. Ich glaube, alle Kinder und Enkel denken jedes Jahr zu Weihnachten an die vielen, vielen schönen Weihnachten bei den Eltern und Großeltern. Das ist ein Schatz, den wir in uns tragen und hoffentlich bewahren können.

Meine Variante von Gans und Ente

- 1 Gans
- 3 Äpfel
- 1 EL Tomatenmark
- 2 Lorberblätter
- 4 Pimentkörner
- Möhren, Zwiebel, Sellerie
- Salz und Pfeffer
- Stärke oder Mehl
- Rotwein

Zuerst die Gans waschen, Hals und Flügel abschneiden und das Bauchfett entfernen. Das brauchen wir zum Braten.
Flügel, Hals und Innereien mit Wasser zur Brühe ansetzen, ergibt zum Beispiel den Fond für eine leckere Nudelsuppe. Die Möhre, Zwiebel, den Sellerie in grobe Würfel schneiden, wir benötigen ca. eine 1 Handvoll von jedem. Nun die Äpfel achteln - für die Füllung Äpfel nicht schälen.
Die Gans innen und außen mit Salz und Pfeffer einreiben, mit Äpfeln und einem Strauß Beifuß füllen und in den Gänsebräter setzen. Geben Sie das Bauchfett dazu und gießen ca. 600 ml Wasser an. Deckel drauf und bei 180 - 200 Grad im Ofen garen.
Nach ca. 1 Stunde herausnehmen, etwas Fett abschöpfen (für Gänsefett) und die nachfolgend beschriebene Sauce zugeben. Das Ganze noch einmal ca. 1 Stunde zugedeckt bei ca. 160 Grad garen, dann sollte sie weich, aber noch nicht knusprig sein. Aber das sind nur Richtlinien, das kann länger oder kürzer dauern - je nach Größe und Qualität der Gans.

Sauce

Während die Gans im Ofen schmort, wird das gewürfelte Gemüse in etwas Fett richtig braun angebraten. Dazu 1 Esslöffel Tomatenmark anrösten und 2 mal kurz mit Rotwein ablöschen, warten bis der Rotwein völlig reduziert ist. Jetzt mit ca. 400 ml Wasser angießen, kurz aufkochen, 2 Lorbeerblätter und 4 Pimentkörner zugeben. Die Sauce mit in den Bräter zur Gans geben.
Jetzt kann man sie offen knusprig fertig garen. Dazu die Gans rausnehmen und auf ein Gitter setzen, damit sie rundherum braun wird. Sauce abgießen, Bratensatz im Bräter unbedingt mit etwas Wasser aufkochen, das bringt ganz viel Geschmack. Dann die Sauce binden mit in kaltem Wasser angerührter Stärke oder Mehl (mit Stärke 90 Sekunden, mit Mehl 15 Minuten die Sauce kochen). Nun die Sauce durch ein Sieb geben.

Meine Eltern waren Schlesier, darum gab es bei uns Hefeklöße zur Gans. Ich habe dann noch zum Rotkohl den Rosenkohl mit Bluemaster Sauce etabliert.

Gänseklein-Brühe

Weihnachten kann kommen

TIPP

Um den Stress am Feiertag zu vermeiden, mache ich meine Gans ein - zwei Tage vorher. Dazu nehme ich die weiche Gans lauwarm raus und portioniere sie. Ich entferne die großen Knochen, diese unbedingt wieder in die Sauce geben und ruhig 1 - 2 Stunden köcheln lassen, dadurch wird die Sauce noch besser und intensiver. Das Fleisch in den Kühlschrank geben. Am Feiertag dann das portionierte Fleisch mit der Haut nach oben auf ein Backblech legen, Alufolie drüber, im Ofen ca. 20 Minuten bei 120 Grad erwärmen. Folie runter, etwas Honig und Gänsefett erwärmen, mit einem Pinsel die Haut bestreichen und bei mindestens 200 Grad knusprig braten. Unbedingt DABEI bleiben!!

Neue Hauptakteure auf die Teller

Gemüse, Kartoffeln, Linsen und Co.

Von Anfang an war klar: In meinem Kochbuch wird es das Kapitel „Fleisch, die neue Beilage“ geben. Als ich mich dann folgerichtig für „Gemüse, Kartoffeln, Salate, Linsen & Co. – die neuen Hauptakteure auf unseren Tellern“ entschied, musste ich lächeln. Die neuen Hauptakteure ... Was für ein Quatsch? Jahrhundertelang war Fleisch im normalen Leben das absolute Luxusgut. Die Leute waren froh, wenn sie zu Getreide und Gemüse etwas Fett geben konnten. Gekippt ist das in den 1960ern. Es ging wieder aufwärts und nach vielen Jahren mit Krieg, Lebensmittelzuteilungen und Mangel gab es endlich wieder genügend auf die Teller. Jetzt war bei vielen Schlemmen angesagt und ich glaube, es hat sich für die damalige Generation ein bisschen wie Schlaraffenland angefühlt. In den 70ern ging es zunehmend los mit den Zivilisationskrankheiten wie Diabetes, Herzinfarkt, Schlaganfall. Wie sagt man bei uns in der Oberlausitz so treffend: *Zuvill und zuwing is ee Ding.* Stimmt die Übersetzung? Meint: Zu wenig ist nicht gut – zu viel aber auch nicht.

Heute, 50 Jahre später, rudern wir zurück und merken, dass die Ernährung unserer Vorfahren zwar extrem einfach und häufig sehr eingleisig war, trotzdem wohl besser als ständige Völlerei. Also essen wir wieder Hülsenfrüchte, Hafer, Buchweizen, Gemüse aus der Region und natürlich aus aller Welt. Wir kommen zurück auf kaltgepresste Öle – aus der Leinenpflanze, aus Raps, Senf und Sonnenblumen.

Zurück zu unseren Wurzeln und damit vorwärts in die Zukunft – klingt doch irgendwie wie ein Schlachtruf.

Ich merke, dass mir Fleisch einfach nicht mehr so wichtig ist, wie in früheren Jahren. Dass die sogenannten Beilagen auf dem Teller jetzt einen höheren Stellenwert haben. Dass die Geschmacksvielfalt und Variationen unendlich sind und echt gut schmecken.

Darum sage ich gerne bei meinen Kochabenden über Gemüse und Co.:

„Das sind die neuen Hauptakteure auf unseren Tellern.“

Für den Rezeptteil habe ich mich mit der Auswahl sehr schwer getan. Denn es gibt einfach viel zu viele Rezepte, die ich gerne koche und ständig fallen mir neue ein.

Salate im Sommer

Hier eine Auswahl zu treffen, ist fast unmöglich. Darum hier nur ein paar Lieblinge meiner Kochschüler.
Auch dafür findet ihr keine Mengenangaben, pro Portion 250 g rohes und ungeputztes Gemüse sind der Richtwert.

Spargel-Erdbeer-Walnuss-Salat

Grünen knackigen Spargel in schräge, dünne Scheiben schneiden und roh marinieren mit Fruchtessig, Salz, Pfeffer, Zucker, Walnussöl, ca. 20 Minuten ziehen lassen. Blattsalat deiner Wahl waschen und grob zerkleinern, auf eine Platte legen. Erdbeeren waschen, in Scheiben schneiden, unter den marinierten Spargel heben, nochmal abschmecken. Das Ganze auf dem Blattsalat anrichten und mit Zitronenmelisse garnieren. Gehackte, in der Pfanne geröstete Walnüsse obenauf geben.

Erdbeer-Hirtenkäse-Salat

Blattsalat deiner Wahl waschen und grob zerkleinern, auf eine Platte legen.
Erdbeeren waschen, in Scheiben schneiden und auf dem Blattsalat anrichten.
Feta oder Hirtenkäse zerbröseln und über den Salat geben, mit etwas Balsamico Glace überziehen. Wenn nicht vorhanden, aus Balsamicoessig, Öl, Salz, Pfeffer, Zucker einen Dressing rühren und über den Salat geben. 1Teil Essig- 3 Teile gutes Öl, Salz, Pfeffer, Zucker nach Gusto.

Spitzkohl mit Curryöl, Aprikosen, Nektarinen oder Pfirsichen

Spitzkohl gibt es schon frisch im Sommer, dann ist dieses Rezept mein Favorit und sorgt für ein mmmh...
Den Spitzkohl fein schneiden, Obst deiner Wahl schneiden. Etwas Currypulver in einigen Löffeln Öl sanft erhitzen, dann abkühlen lassen, Spitzkohl mit Essig, Salz, Pfeffer, Zucker vermischen, Curryöl dazugeben, 15 Minuten ziehen lassen. Zum Schluss das geschnittene Obst unterheben. Dazu ein paar Scheiben gebratene Hähnchenbrust oder passenden Käse reichen.

Gebratene Aubergine auf Tomatenscheiben

Auberginen würfeln, mit Salz bestreuen, 20 Minuten ziehen lassen, abgießen, kurz mit Wasser abspülen, auf Küchenpapier abtropfen lassen. In einer Pfanne Olivenöl, Salz, Knoblauch, Ingwer, gehackten Rosmarin und Thymian erhitzen. Auberginen zugeben und ca. 5 Minuten braten. Zum Schluss mit Balsamicoessig ablöschen. (Kräuter der Provence sind auch möglich als Kräuter-Alternative.)
Tomaten in dünne Scheiben schneiden und eine Platte damit auslegen. Gebratene Auberginen noch warm darauf geben. Frisch gemahlenen Pfeffer und Basilikumblätter geben den letzten Schliff.
Der Salat schmeckt warm oder kalt. Es passt jedes kurzgebratene Fleisch oder auch Serranoschinken dazu. Vegetarisch passt eine Hüttenkäsecreme mit getrockneten Tomaten und Oliven, die schmeckt perfekt dazu.

Hüttenkäsecreme

Hüttenkäse, getrocknete Tomaten, Oliven geschnitten, Basilikum geschnitten, Salz, Pfeffer. Fertig!! Alternativ Frischkäse oder Ricotta nehmen.

Melone-Fetakäse-Minze-Salat

Zugegebenermaßen wachsen bei uns nur selten Melonen. Aber sie gehören für mich zum Sommer.
Wassermelone in grobe Würfel schneiden. Minze klein schneiden, mit Zitronensaft, frisch gemahlenem Pfeffer und kaltgepressten Öl zum Dressing rühren. Unter die Wassermelone und den gewürfelten Fetakäse geben.

30 Minuten kühl stellen, damit der Salat gut durchziehen. kann Die Melone gibt den Zucker, die Minze die Frische und der Käse das Salz. Manchmal gebe ich noch ein paar Spritzer dicken, dunklen Balsamico drüber.

Weiße Bohnen - Tomaten - Salat

mit Thunfisch und roten Zwiebeln

400 g	Weiße Bohnen (1 Dose)
300 g	Tomaten
2 Stück	rote Zwiebeln
2 EL	Essig und 2 EL Olivenöl
1 Dose	Thunfisch in Öl
	Basilikum
	Salz & Pfeffer
	Prise Zucker

Zuerst Bohnen abtropfen lassen, Tomaten achteln, Zwiebeln in dünne Ringe schneiden, Basilikum grob schneiden. Alles in eine Schüssel geben, den Thunfisch grob zerpflücken und zugeben.
Aus Essig, Olivenöl, Thunfischöl, Salz, Pfeffer, Zucker eine Sauce rühren und unterheben. Nochmals abschmecken und den Salat ziehen lassen.

TIPP

Der Salat schmeckt auch gut mit Blattpetersilie statt Basilikum. Ihr mögt keinen Thunfisch? Dann lasst ihn weg. Statt Bohnen passen auch Kichererbsen. Ich habe auch schon schwarze Bohnen dazugegeben. Ein schönes Farbspiel.

Der Salat taugt als Hauptmahlzeit und macht richtig satt.
Dann gebe ich reichlich Blattsalat auf den Teller und obenauf den Bohnensalat, dazu noch Knoblauch-Joghurt-Dip oder frisch geröstete Brotwürfel/Chips. Dazu passen auch Weißbrotwürfel oder sehr dünne Baguettescheiben, in Hälfte Butter & Öl und mediterranem Knoblauchsalz knusprig gebraten.

Roher Blumenkohl - Salat

mit saurer Sahne oder Schmand

Roher Blumenkohlsalat? Ja, das schmeckt gut und ist schnell gemacht.
Geht es euch auch so, dass ein ganzer Blumenkohl für 2 Personen zu viel ist?
Dann hier ein Rezept für die zweite Hälfte.

1/2	Blumenkohl
100 g	saure Sahne oder Schmand
1 EL	geröstete Sonnenblumenkerne
2 EL	frische Kräuter
	Salz und Pfeffer

Blumenkohl mit Strunk in grobe Stücke schneiden und auf einer Haushaltreibe sehr grob raspeln, die saure Sahne und kleingeschnittene Kräuter zugeben, abschmecken mit Salz und Pfeffer. Geröstete Sonnenblumenkerne obenauf geben. Schon erledigt.

TIPP

Probiert doch mal das Rezept mit Kohlrabi.
Diesen auch einfach grob raspeln und wie oben verarbeiten. Nehmt ihr Schmand, dann etwas Apfelessig zugeben.

Zum Salat passt gut Schnitzel, Gegrilltes, Schweinesteaks, Hühnchen, Burger oder einfach ein hausgemachtes *Gewiegtebrutl.*

Spargelsalat von rohem Spargel

mit Holunderblütendressing dazu ein Spargelsüppchen

Viele werfen die Spargelschalen weg. Das muss nicht sein. Hier wird zum Salat nebenher gleich eine Suppe gekocht.

Den Spargel gut schälen, dann richtig schräg in schmale 1cm Stücke schneiden, Paprika und Lauch ebenso kleinschneiden. Aus den Vinaigrette-Zutaten eine Sauce rühren und unter die Salatzutaten heben. Salat ziehen lassen und abschmecken.

Suppe: Die Spargelschalen mit 800 ml Wasser knapp bedecken und ca. 15 Minuten auskochen, vorher etwas Salz, Zucker, Zitrone zugeben. Nun pürieren, durch ein Sieb geben und mit etwas Crème fraîche binden. Abschmecken, gerne eine Spur Muskat und einen Löffel Butter unterheben. Ist euch die Suppe zu dünn, wenig Speisestärke in etwas Milch kalt anrühren und die Suppe eine Minute durchkochen.

TIPP

Wenn gerade Holunderblütenzeit ist, gebt auf den Salat ein paar Blüten als Deko, der Duft ist so toll. Der Spargel muss frisch sein, das merkt ihr beim Durchbrechen, es muss knacken. Statt Paprika schmecken auch Erdbeeren im Salat super. Natürlich könnt ihr auch einige Stücken Spargel als Einlage in die Suppe geben. Wer es herzhaft mag, brät ein paar Scheiben Frühstücksschinken ganz kross aus. Im Fett könnt ihr Brotscheiben rösten und den krossen Schinken auf die Suppe geben.

Fenchel - Aprikosen - Salat

mit Mango Dressing

Fenchelknollen wachsen mittlerweile auch bei uns.
Ich mag diesen leichten Anisgeschmack, der an den Süden erinnert.

Den Fenchel sehr fein schneiden oder mit Gurkenreibe hobeln, Aprikosen in Spalten schneiden.

Für das Dressing alle Zutaten verrühren und langsam das Öl zugeben. Dann könnt ihr alles unter das Gemüse und Obst heben. Ziehen lassen, final abschmecken. Wichtig ist, auch das Fenchelgrün dazu geben.

TIPP

Zum Salat passen gut Hühnchensteaks, ebenso ein gebratener Fisch oder ein schönes Baguette mit reichlich Käse überbacken.
Außerhalb des Sommers nehme ich Äpfel, Birnen, Orangen für den Salat. Statt Mangosaft alternativ auch Orangensaft.

Gurkensalat - der Salat-Klassiker

Gurkensalat ist wohl einer der Salate, der bei den meisten Familien einen festen Platz auf dem Speiseplan hat. Für mich macht den besten Gurkensalat meine Schwester Carmen. Er schmeckt nach Kindheit und Sommer. Ich kenne die Zutaten, aber den Geschmack kriege ich nie so hin, wie meine kleine Schwester, warum auch immer. Da sie gleich in der Nähe wohnt, bekomme ich ihn auf Wunsch zubereitet. Mein Rezept ist auch ganz passabel und variabel.

Gurken sind ja heutzutage das ganze Jahr über zu bekommen. Aber nichts geht über eine Gurke, die der *Nubber* (so nennen wir bei uns in der Oberlausitz den Nachbarn) über den Zaun reicht. Nun hat nicht jeder so einen Nachbarn, aber ganz sicher bekommt ihr in der Gurkenzeit eine Gurke aus eurer Region. Schaut doch mal gezielt nach. Es lohnt sich, auch wenn der Supermarkt günstiger ist.

Sobald es Gurken im Frühjahr aus Boxberg gibt, sind sie meine erste Wahl. Boxberg, werden da manche sagen, da steht doch ein Kraftwerk? Genau. Und die dortigen Gewächshäuser werden mit der Abwärme des Kraftwerks geheizt. Nachhaltigkeit der speziellen Art.

Mein Lieblingsgurkensalat

Die Gurke längs halbieren. Ich hoble die Gurken nicht, das wird mir zu wässrig, sondern schneide sie in Scheiben. Den Dill mit Stielen schneiden. Sind die Dillstiele zu dick, püriere ich sie mit etwas kaltgepresstem Öl. Dann noch die Minze sehr klein schneiden und hinzugeben. Warum Minze? Der Salat bekommt so eine noch frischere Note. Gerade an heißen Tagen eine Wohltat. Alles zusammen mit Schmand, Salz und Pfeffer vermengen. Fertig.
Essig ist nicht erforderlich, wir haben ja den Schmand. Lasst den Salat zwei Stunden im Kühlschrank stehen, dann gibt die Minze ihr Aroma besser ab.
Den fertigen Salat lege ich auf frischen Kopfsalat, durch den Schmand brauche ich kein weiteres Dressing. Jetzt noch paar Salzkartoffeln dazu und ein Sommeressen ist fertig.

Einmal kochen & zweimal essen

Kalte Gurkensuppe für heiße Tage

Verdoppelt das Rezept für den Gurkensalat, esst einen Teil als Gurkensalat und die andere Hälfte püriert ihr etwas mit Pürierstab oder Mixer. Wahrscheinlich ist die Suppe zu dick, verdünnt sie mit viel Naturjoghurt, bis ihr die richtige Konsistenz habt. Nochmal abschmecken, ein paar Tropfen Dill-Öl können nicht schaden.

Variante mit Garnelenspieß

Die einfachste Variante: Kauft eine Schale in Öl eingelegte, marinierte Garnelen. Halbiert ein paar Kirschtomaten und legt sie für 20 Minuten in das Garnelen-Öl. Jetzt noch alles auf Spieße stecken. Die Suppe in einer Tasse, Glas oder auf dem Teller anrichten. Das Garnelen-Öl über die Suppe träufeln, den Spieß anlegen und mit einem Zweig Dill garnieren. Dazu in Knoblauch-Öl geröstete Brotcroutons reichen.

Salate im Herbst und Winter

Auch hier ist es schwer, eine Auswahl zu treffen. Darum die beliebtesten drei Rezepte aus meiner Eventküche.

Rote Bete-Blattsalat-Walnüsse

250 g vorgegarte rote Bete und einen großen Apfel in Würfel schneiden.
Aus Apfel- oder Fruchtessig, süßem Senf, Salz, Pfeffer, Zucker, Walnuss- oder Kürbiskernöl ein Dressing rühren, damit marinieren und ca. 15 Minuten ziehen lassen. Nochmal abschmecken.

200 g Walnüsse knacken & hacken, ohne Fett in einer Pfanne rösten. Ca. 100 g Blattsalat deiner Wahl waschen, grob zerkleinern, auf eine Platte legen. Den Rote Bete-Apfel-Salat auf dem Blattsalat anrichten und geröstete Walnüsse obenauf streuen.

TIPP

Dazu passt wunderbar Ziegenfrischkäse oder Roquefort, noch ein paar Streifen getrocknete Aprikose/Feige dazu. Aber auch mit geräucherter Forelle und Wachteleiern eine feine Sache und als Vorspeise zu einem Menü der perfekte Auftakt. Ich würde aber hier die Nüsse weglassen und das Dressing mit neutralem Öl machen.

Blattsalat mit Thymian, Birnen oder Äpfeln

Äpfel oder Birnen mit Schale in nicht zu dünne Spalten schneiden. In eine Pfanne etwas Butter & Thymian geben, erhitzen und die Früchte kurz schwenken, sie sollen nicht zu weich werden. Aus 1 Teil Apfel- oder Fruchtessig, wenig süßen Senf, Salz, Pfeffer, Honig und 3 Teilen kaltgepressten Öl ein intensives Dressing rühren. Einen Blattsalat deiner Wahl waschen (Feldsalat ist mein Favorit) grob zerkleinern, auf eine Platte legen. Die lauwarmen Thymianäpfel drüber geben und mit Dressing beträufeln.

TIPP

Dazu passt hervorragend gebratene Geflügelleber oder auch wieder Ziegenkäse und roher Schinken. Ich kann mir aber auch gebratene Hähnchenstreifen vorstellen. Mit Brot, vielleicht selbst gebacken, ein Salat, der gästetauglich ist.

Rotkohlsalat mit Himbeeren

Eine etwas andere Zubereitung dieses Klassikers - fruchtig und scharf.
Ich mag den Salat gerne als Vorspeise, dazu einige Scheiben rosa gebratene Entenscheiben, geräucherter Gänsebrust oder auch mit Blauschimmelkäse.

Den Rotkohl putzen und den dicken Strunk entfernen. Kohl fein schneiden und mit wenig Salz kurz kneten. Peperoni in feine Ringe schneiden, Ingwer fein reiben.
Honig erwärmen, Ingwer, Peperoni und Himbeeren zugeben, kurz aufkochen, und gleich sehr heiß über den Rotkohl geben. Alles gut durchmischen. Aus Öl, Orangensaft und Essig ein Dressing rühren und dazugeben. Final abschmecken.

Dazu passen ein paar schnell gemachte Blätterteigstangen mit gehackten Nüssen.

Herbst- und Wintergemüse

Jede Jahreszeit hat ihren Reiz, und obwohl heute fast alles ganzjährig zur Verfügung steht, bin ich doch ein großer Fan von Gemüse der Saison und der Region.

Warum? Wir machen uns viele Gedanken um gesunde und abwechslungsreiche Ernährung. Dabei macht es uns der Gemüse- und Obst-Saisonkalender so einfach. Er gibt genau das vor, was wir in dieser Jahreszeit für unseren Körper brauchen. Wirsing, Pilze, Grünkohl, Weiß- und Rotkraut, Steckrüben, Kürbis, Kartoffeln, Karotten, Äpfel, Birnen, Quitten … Alle diese wunderbaren Produkte unserer Natur, mit denen wir gut durch die kalte Jahreszeit kommen. Im Gepäck haben sie genau die richtigen Inhaltsstoffe für unser Wohlergehen. Vertraut der Natur, sie kennt uns besser, als wir denken.

Die nachfolgenden Rezepte sind ohne Mengenangaben. Aber ich gebe euch ein einfaches Hilfsmittel. Nehmt eure Hände, haltet sie wie eine Schüssel. Das, was reingeht, ist eine Portion rohes Gemüse. Möchtet ihr lieber mit der Waage arbeiten, sind 250 g rohes, ungeputztes Gemüse meine Empfehlung.

Gebratene Pilze mit Rahm

Zwiebelwürfel in Öl anbraten, Pilze deiner Wahl zugeben und etwas gemahlenen Kümmel zur Verdaulichkeit. Schön heiß braten, Schlagsahne oder 10%ige Kaffeesahne angießen, salzen und dann ca. 10 Minuten köcheln lassen. Manchmal gebe ich noch ein wenig Wasser dazu, das kommt auf den Wassergehalt der Pilze an. Zum Schluss nochmals abschmecken mit Salz und Pfeffer und einem kleinen Löffel Butter. Diese Rahmpilze schmecken pur zu Brot, zur Nudel, zum Steak und Schnitzel oder ganz klassisch bayrisch zum Semmelknödel.

TIPP *Nehmt ihr Champignons, dann diese nur sehr kurz, aber schön heiß braten.*

Rosenkohl - Hokkaidokürbis - Gemüse

Ich mag Hokkaidokürbis, der mittlerweile bei uns wie zu Hause ist. Er ist im kühlen Keller bis ins neue Jahr hinein lagerfähig, und man muss ihn nicht schälen.

Hokkaidokürbis mit Schale in nicht zu kleine Würfel schneiden. Zwiebelwürfel in Öl anbraten, pro Portion 1 Teelöffel Currypulver dazu, die Kürbiswürfel hineingeben, braten bis der Kürbis weich, aber noch bissfest ist. Zur gleichen Zeit den geputzten Rosenkohl in Salzwasser ebenso bissfest garen, abtropfen und zum Kürbis geben. Alles vermengen, nochmal erhitzen, abschmecken mit Salz und Pfeffer und zum Schluss wie immer mit einem Stich Butter abrunden.

TIPP *Beim Kürbis etwas Knoblauch und Ingwer mit anbraten, das macht es raffinierter. Manchmal habe ich keine Lust, den Rosenkohl extra zu kochen. Dann halbiere ich ihn roh und brate alles in einer Pfanne zusammen. Diese Pfanne taugt als selbstständiges Gericht genauso, wie als Beilage in der Herbst und Winterküche.*

Rahmwirsing

mit und ohne Speck zu Ente, Wild oder Fisch

Wirsing ist ganzjährig aber besonders im Herbst und Winter verfügbar. Leider ein Gemüse, welches nicht so häufig auf dem Speiseplan steht. Schade eigentlich, die äußeren Blätter eignen sich für Kohlrouladen und die inneren als Gemüsebeilage, sie sind schon nach kurzer Zeit gar. Die Inhaltsstoffe können sich sehen lassen. Schon 100 g roh decken den Vitamin C-Tagesbedarf. Er enthält besonders viel Chlorophyll, doppelt so viel Eiweiß und Eisen wie Weißkohl und Rotkohl. Na, neugierig gemacht? Dann ran an den Wirsingkohl.

Pro Portion 1 Esslöffel Bauchspeck klein würfeln und kross ausbraten, geschnittenen Wirsing zugeben, unter Rühren kurz schmoren, etwas Gemüsebrühe oder Wasser, Salz, Pfeffer zugeben, ca. 12-15 Minuten schmoren.
Crème fraîche am Ende unterrühren, mit Muskat abschmecken. Wenn es zu flüssig ist, mit einem Löffel Stärke, die in wenig kaltem Wasser angerührt wird, die Sauce abbinden. Gehackte Petersilie unterziehen.

TIPP *Es geht natürlich auch ohne Speck, ist nur nicht so herzhaft. Dieses Gemüse passt super zu gebratenem Fisch oder auch Entenbrust rosa gebraten. Als Beilage eignen sich Semmelknödel, Klöße, Kartoffeln, Kroketten, Schupfnudeln oder Spätzle.*

Rotkohl mit Quitten und Apfel

Quitte, Apfel, Zwiebel schälen und würfeln, in Butterschmalz, Gänsefett oder Öl anbraten. Den geschnittenen Rotkohl, ein Lorbeerblatt, 2 Pimentkörner und 2 Nelken sowie Salz zugeben. Wenig Wasser und etwas Apfelsaft angießen, noch einen guten Schluck Essig dazu, fast weich garen, abschmecken.

TIPP *Ich schneide das Kraut auch gerne viereckig blättrig, dann behält es mehr Biss. Rotkohl sollte unbedingt einen Tag durchziehen, das macht den guten Geschmack. Bereitet gleich einen ganzen Krautkopf zu. Was zu viel ist, kommt kochend heiß in ein Schraubglas. Das Glas für 10 Minuten auf den Kopf stellen, umdrehen und dann ist es leicht gekühlt für mehrere Wochen haltbar.*
Mein Geheimtipp: Nehmt etwas Holunder- oder dunklen Fruchtsaft, gebt dazu 1 Esslöffel Stärkepulver und bindet damit den Rotkrautsaft ab. So bekommt es einen schönen Glanz und Farbe.

Steckrüben - Kartoffel - Gemüse

Altes Gemüse - neuer Glanz. Die Steckrübe ist ein Gemüse, welches von der Kriegsgeneration so oft gegessen wurde, in Ermangelung an anderem, sodass sie diese in besseren Zeiten aus der Küche verbannt hat. Seit einiger Zeit ist die Steckrübe wieder zurück und das mit gutem Recht.

Festkochende Kartoffeln und Steckrübe schälen und in Würfel 2 x 2 cm schneiden, Zwiebel fein würfeln, in Öl oder Butterschmalz anbraten, Kartoffeln und Steckrüben zugeben, salzen, dazu ein Lorbeerblatt und ein Pimentkorn (alternativ ein Löffel Gemüsebrühpulver) sowie wenig Wasser zugeben, zudecken, weich dünsten.
Das dauert maximal 15-20 Minuten, jetzt noch mit geriebenem Muskat abschmecken. Einen Stich Butter dran, gerne Petersilie unterheben.

Sollte das Gemüse zu weich werden, einfach stampfen und als Püree geben, auch lecker. Die Steckrüben werden orange beim Kochen, dadurch hat das Püree eine schöne Farbe.

Abwandlung: Die letzten 10 Minuten frischen halbierten Rosenkohl unterheben und fertig garen. Dann ist es eine schöne Gemüsepfanne zum Sattwerden.

Gerahmtes Sauerkraut

Wir Oberlausitzer sind wie alle Sachsen Saucenliebhaber. Manchmal aber gibt's keine Sauce, wie zur Bratwurst oder *Gewiegtebrutl*. Ich mache dann einfach gerahmtes Sauerkraut. Das fertig gekochte Sauerkraut mit ordentlich Schmand oder Crème fraîche abrunden. Schon ist es sämiger und ersetzt die Sauce. Schnell und sicher, besser als jede Kunstsauce aus der Tüte.

Rosenkohl mit Bluemastersauce

Das klingt speziell und ist es auch. Wer keinen Blauschimmel mag ist raus. Aber meine Familie ist voll drin und zwar immer zum ersten Weihnachtsfeiertag. Dann gibt es neben Rotkohl diesen Rosenkohl in Bluemaster. Das Rezept habe ich 1984 von einem Freund erhalten, der mit mir die Meisterschule besuchte. In dieser Zeit war es echt exotisch und heute ein Familienklassiker. Darum gehört es in mein Buch.

1 kg Rosenkohl putzen und in leichtem Salzwasser bissfest kochen.
Nebenher 200 ml Kaffeesahne aufkochen und 100g Bluemaster bei sanfter Hitze schmelzen lassen. Mit Pfeffer würzen. Diese Sauce kommt über den Rosenkohl und gibt diesem Gemüse einen ganz neuen Geschmack.

Das waren nur ein paar einfache Anregungen. Stöbert doch im Internet oder Omas Kochbüchern nach anderen Gemüseideen. Dort sind echte Schätze zu heben. Vorbei mit dem Gemüseeinerlei.

Schwarzwurzel in Salbei - Zitronensauce

Ein Wintergemüse mit Charakter! Winterspargel oder früher arme Leute Spargel genannt. Das Schälen sollte man nur mit Handschuhen erledigen. Der austretende Milchsaft ist eine etwas klebrige Angelegenheit. An der Luft ärgert sich die Schwarzwurzel schnell braun, darum in leichtem Essig oder Zitronenwasser lagern. Aber der Geschmack und die Inhaltsstoffe sind echt beeindruckend. Probiert es aus und gebt diesem Wintergemüse eine Chance. Das nachfolgende Rezept ist einfach aber durch den Salbei raffiniert im Geschmack.

Schwarzwurzeln waschen, Enden abschneiden. 1 l Wasser mit Zitronensaft und etwas Mehl verrühren, darin die geschälten Schwarzwurzeln aufbewahren, damit sie nicht braun werden. Schwarzwurzel mit dem Sparschäler schälen und in ca. 4 cm Stücke schneiden. Wasser mit Salz zum Kochen bringen, Gemüse bissfest garen. Das dauert ca. 10-15 Minuten.

Sauce

Zwiebeln würfeln und in Öl und Butter glasig schwitzen. Salbei fein geschnitten mit braten, die abgeriebene Schale von einer Limette/Zitrone zugeben, Sahne aufgießen, mit Salz, Pfeffer, Muskat würzen. Die Sauce nur kurz kochen, 1 EL Zitronensaft untermischen und das gegarte Gemüse unterheben.
Evtl. noch etwas Gemüsewasser zufügen. Nochmals abschmecken.

TIPP

Ich nehme Gnocchi aus der Kühltheke und koche sie in dem Schwarzwurzelragout auf. Dazu gebe ich noch etwas vom Schwarzwurzel-Gemüsewasser, ein sehr sättigendes Essen. Eine Handvoll Kasslerwürfel dazu und schon mögen es auch die herzhaften Fleischesser. Oder ihr gebt es als Beilage zum kurzgebratenen Fleisch, dann einfach etwas weniger Sauce kochen.

Carola im Fernsehen …

Wie heißt es so schön in einem Lied von Gerhard Schöne, einem von mir sehr geschätzten Liedermacher?

> „Ich bin im Fernsehen aufgetreten,
> jetzt stell ich was dar, denn die nehm'n ja nicht jeden.
> Drei Kinder ha'm mich um Autogramme gebeten.
> Ich bin im Fernsehen.
> Ich bin im Fernsehen.
> Ich bin im Fernsehen aufgetreten."

Natürlich ist das lakonisch und witzig gemeint. Und genau daran musste ich denken, als ich mich im September 2020 im Fernsehen sah. Der nächste Gedanke war: Du musst abnehmen, ganz, ganz schnell abnehmen. Der Vorsatz hat leider nur bis zum übernächsten Tag gehalten. Die Gummibärchentüte im Regal war einfach stärker und wollte unbedingt mit in den Einkaufswagen und dann auch in meinen Magen.

Fernsehmoderator Alex Huth

Warum schreibe ich das? Nach vier Jahren Koch- und Kulturwerkstatt war es so weit. Der MDR hat die Kleene Schänke mit ihrer Eventküche entdeckt. Es kam eine Anfrage für die beliebte Sendung „MDR vor Ort", gemeinsam mit dem Moderator Alex Huth zwei Pilzgerichte zu kochen. Ja, der Alex Huth, der regelmäßig live für diese Sendung von spannenden Events berichtet. Vom Fernsehen sagt Alex, „dass der wichtigste Baustein eines guten Films immer Menschen sind, dass man auch in kleinen Orten große Entdeckungen machen und einen wertvollen Schatz heben kann: regionale Identität."

Na, da hat er bei uns offene Türen eingerannt und heraus kam ein wunderbarer Drehtag. Alex und ich, dazu das Drehteam mit Kathrin, Frank, Tino. Eine offene, kreative Atmosphäre, so als ob man sich schon lange kennt. Berührend fand ich, dass Stefan, der Organisator des Teams, extra aus Dresden mit einem Geburtstagskuchen für Alex ankam. Was für ein schöner Auftakt, mit Geburtstagskuchen und Kaffee den Arbeitstag zu beginnen. Es lief wie am Schnürchen und nach vier Stunden waren vier Minuten Sendezeit im Kasten. Meine anfängliche Aufregung kippte dank der Profis in reine Drehfreude.

Was wurde denn nun überhaupt gedreht? Also, am 26. September ist immer der Internationale Pilz-Tag und dafür wurde ein Beitrag gesucht. Neben dem Besuch eines Pilzmuseums und einem Waldspaziergang mit Pilzfreunden war auch zu sehen, was wir gemeinsam gekocht haben. Nun bin ich also zum ersten Mal mit meiner Küche im Fernsehen aufgetreten. Stelle ich aber nun „was dar", wie es im Song von Gerhard Schöne heißt? Keine Sorge, ich habe genügend bodenständige Menschen um mich herum. Die holen mich schneller als ich denken kann runter, wenn ich abheben sollte – und das ist gut so.

Folgende Gerichte wurden gekocht und gezeigt.

Kochen mit Alex - ein großer Spaß

Pilz - Bohnengemüse

Die Bohnen knapp mit Wasser bedecken, Bohnenkraut und Salz zugeben und bissfest garen.
Öl erhitzen, Zwiebelwürfel, die geputzten und nicht zu klein geschnittenen Pfifferlinge oder frische Champignons zugeben. Würzen mit gemahlenem Kümmel und etwas Salz.
Die Champignons nur kurz, aber schön heiß braten. Pfifferlinge und Steinpilze, bis sie gar sind.
Die abgegossenen Bohnen zugeben, nochmal abschmecken, mit einem Löffel Butter zum Abrunden verfeinern.

TIPP

Ich bevorzuge Steinpilzchampignons, die haben einen kräftigeren Geschmack. Statt Öl nehmt gewürfelten Katenschinken, diesen schön anbraten. Das macht das Gericht deftiger.
Unter die Pilz-Bohnenpfanne könnt ihr gekochte Spätzle, Schupfnudeln oder kleine Kartoffelklößchen geben. Eventuell ein paar Kasslerwürfel oder Knackerscheiben dazu und fertig ist ein herzhaftes Gericht für die ganze Familie.

Pilzbrühe mit getrockneten und frischen Pilzen

Brühe und gemahlene Pilze in einem nicht zu kleinen Topf ca. 10 Minuten kochen.
Die in Scheiben geschnittenen Pilze und die Möhren zugeben und ca. 8 Minuten köcheln lassen.
Zum Schluss Porree dazu, nochmal 2 Minuten köcheln. Abschmecken mit Salz, Pfeffer, etwas Kümmel. Petersilie erst kurz vor dem Anrichten darauf streuen.

Raffiniert wird die Suppe, wenn ihr sie mit einer Blätterteighaube verseht. Dazu Blätterteig im Durchmesser der Tasse plus 1 cm ausschneiden. Die Suppe in die Tasse geben. Den Tassenrand mit dem Blätterteig abdecken und im Ofen bei 200 Grad goldgelb backen. Die zweite Möglichkeit: Kocht die letzten 5 Minuten feine Fadennudeln mit und es wird ein vollständiges Essen draus. Natürlich seid ihr in der Variation des Gemüses völlig frei. Nur der feine Pilzgeschmack sollte nicht zu sehr überdeckt sein.

Pilzsaison das ganze Jahr ?

Jedes Jahr im Oktober war es so weit: Im alljährlichen Großfamilien-Pilzurlaub haben wir in Kohlberg bei Königs-Wusterhausen Maronen, Schleimchen, Birkenpilze und Rotkappen gesammelt. Das war eine wunderbare Tradition der Familie meines Mannes seit den 1960ern, ab 1987 durfte ich mitfahren. Ein Bungalowdorf des Baukombinats Dresden, mitten im Kiefernwald, was für eine Idylle. Einfach und immer in großer Gemeinschaft, dadurch einfach nur schön. Die vielen Kinder hatten Platz und Freilauf ohne Ende, also das Beste, was man Kindern angedeihen lassen kann. Jeden Morgen ging es in die Wälder zum Sammeln und stolz wurde der gut gefüllte Korb vorgezeigt. Lag dann der runde große Tisch voller Pilze, war das Glückseligkeit. Gemeinsam haben wir geputzt, geschnippelt, gebraten, getrocknet.

Arnold`s Pilzurlaub in Kohlberg

Heute gibt es Pilze eigentlich das ganze Jahr. Was schreibt die Frau da, werden sich eingefleischte Pilzkenner und -sammler fragen. Gut, ihr habt recht. Pilze im Wald und auf der Wiese wachsen natürlich nicht das ganze Jahr über. Die Hauptsaison ist ab Mitte September bis tief in den Oktober hinein. Die kleine Saison beginnt je nach Wetterlage im frühen Sommer mit Pfifferlingen, Steinpilzen und Wiesenchampignons. Das sind die Pilze, die ich am besten (er)kenne. Finden und essen kann man viele Sorten mehr. Aus meiner Kindheit kenne ich auch noch die Krauseglucke. Da gab's nur ganz bestimmte Stellen, und wenn mein Vater ein großes Exemplar gefunden hatte, wurde das mühselig geputzt, in Scheiben geschnitten und wie Schnitzel paniert. Was für ein Festessen, mir kommt beim Schreiben ein kleines Pfützchen auf die Zunge. Ob mir noch mal jemand diesen Pilz bringt? Dann lasse ich alles stehen und liegen und schnappe mir die nächste Pfanne.

Jetzt habe ich die Frage noch nicht beantwortet. Das ganze Jahr Pilzsaison? Na klar, durch das Angebot an Kulturpilzen. Gezüchtet und angebaut auch in der Oberlausitz. Zum Beispiel bei Adelfred Pietsch Champignonzucht in Schiebock. An Kulturpilzen finden sich außerdem noch: Austernpilze, Kräutersaitlinge, jede Menge asiatische Pilze, wie der japanische Shiithake, der bekannteste und älteste Kulturpilz überhaupt. Ihm werden Heilkräfte zugesprochen, in seiner Heimat wird er zur Senkung des Cholesterinspiegels und bei Rheumaerkrankungen eingesetzt.

Wenn die wirklich große Zeit der Jäger und Sammler vorbei ist, sind Zuchtpilze ein tolles Angebot und eine echte Bereicherung unseres Speiseplans. Leider speichern Waldpilze eine hohe Menge Schwermetalle wie Cadmium und Blei. Andererseits sind sie voller B-Vitamine, Vitamin A, D, K, enthalten Kalium, Magnesium …

Also auch hier hilft wieder mal der alte Spruch „Die Menge macht das Gift", und wir können ja den ganz großen Pilzhunger mit Kulturpilzen stillen.

Marinierte Pilze in Kräuteröl

Ein Gericht für Waldpilze und Kulturpilze

Alle Pilze putzen und nicht zu klein schneiden. Champignons halbieren oder vierteln. Die Limettenschale abreiben und den Saft auspressen.

Die Pilze in Öl braten, Champignons nur kurz. Mit dem Zitronensaft ablöschen.

Kräuter grob schneiden und mit dem Öl, der Zitronenschale und ein wenig Salz pürieren. Das Kräuteröl über die leicht abgekühlten Pilze geben und untermengen. Etwas ziehen lassen und nochmal abschmecken.

TIPP

Ich mache gern gleich mehr davon. Sie schmecken frisch, leicht lauwarm auf einem Kopfsalat angerichtet und fertig ist das Abendessen. Vielleicht noch ein bisschen Frühlingslauch dazu. Den Rest der marinierten Pilze gebe ich in ein Schraubglas, sie sollten von Öl umschlossen sein. Ist das nicht der Fall, drücke ich sie etwas zusammen und gebe Öl obenauf. Dann halten sie im Kühlschrank einige Tage. Sie schmecken aus dem Glas als Vorspeise oder zum Salat oder Fleisch.

Steinpilzpasta mit gebratenen Steinpilzen

und Crème fraîche

Ein edles, schnelles Gericht, absolut gästetauglich. Ich weiß, Steinpilze sind teuer, aber hier braucht ihr kein Fleisch und so gleicht es sich wieder aus. Statt Steinpilze eignen sich auch gut Kräutersaitlinge. Die haben ein schönes festes Fleisch, sind als Kulturpilz erhältlich.

Pilze putzen und klein schneiden. Nudelwasser mit Salz ansetzen. Öl erhitzen, Zwiebeln und Pilze braten. Mit Kümmel (ist wichtig für die Verdauung), Salz und Pfeffer würzen. Gleichzeitig die Nudeln bissfest kochen. Nudeln abgießen, etwas Nudelwasser auffangen.

Gebt die Nudeln zurück in den Topf. Dazu die Pilze, Petersilie und Crème fraîche, alles vorsichtig unterheben, eventuell Nudelwasser zugeben. Nochmal abschmecken und sofort auf den Tisch bringen. Die Nudeln saugen sehr schnell die Sauce auf. Werden sie zu trocken, nochmal Nudelwasser zugeben.
So einfach und schnell zu kochen!
Das kann wirklich jeder.

Die Abern und die Oberlausitz

Die „*Aberne*" ist bei uns die Kartoffel. Sie erreichte die Oberlausitz im 17. Jahrhundert und begann, dank dem preußischen König Friedrich II., im 18. Jahrhundert ihren Siegeszug durch ganz Deutschland. Man mag kaum glauben, dass diese Frucht ursprünglich aus den Anden Südamerikas kommt. So fest gehört die Kartoffel seit Jahrhunderten in unsere Heimat. Jeder Landstrich hat seinen eigenen volkstümlichen Namen und auch in unserer großen Oberlausitz gibt es ganz unterschiedliche Namen. Aber der Name *Abern* sagt allen Oberlausitzern etwas.

Was für herrliche Dinge man aus *Abern* machen kann: Pellkartoffeln, Salat, Klöße, Suppe, Puffer, Bratkartoffeln, Quarkkeulchen und auch die beliebte *Abernmauke. Abernmauke,* Kartoffelpüree, *Stoampabern,* Kartoffelmus, *Mauke*, Kartoffelbrei, *Abernpoaps*, immer ist dasselbe gemeint.
Kartoffeln werden geschält, gekocht, gestampft und mit Flüssigkeit, meist Milch, zu Püree verarbeitet.

Es gibt einige traditionelle Grundrezepte und natürlich modernere Kreationen je nach Zeitgeist. Damit beschäftige ich mich im Rezeptteil. Für mehr reicht dieses Buch nicht.

Bei uns zu Hause gab`s *Mauke* mit viel Speck und Zwiebel und *een Tippel* ganz frische Buttermilch. Ich schmecke es und sehe in Gedanken meinen schon älteren Vater, leicht vornübergebeugt am Kohleherd in unserer großen Bauernküche stehen. In einer uralten, eisernen Gusspfanne briet er mit Akribie und Ausdauer den Speck so lange, bis er ganz knusprig war, dann kamen erst feingewürfelte Zwiebeln rein und wurden ebenso braun gebraten.

In der Zwischenzeit kochten die Kartoffeln weich und das Töpfchen mit Milch stand an der Seite und wurde nebenher heiß. Alles zusammen ergab die köstliche, herzhafte *Abernmauke*. Auch ohne etwas dazu, ein Hochgenuss.

Vater hat gerne gekocht, gerade in den 80er/90ern, wo immer 2-6 Enkel ihre Ferien bei uns verbrachten. Richtig gelesen, wer traut sich das heute noch zu? Mein Vater, Hans Sieber, Jahrgang 1926 und gelernter Tischler, musste sehr jung in den Krieg und danach in der Wüste Ägyptens in englische Kriegsgefangenschaft. Dort durchlief er eine straffe Kochlehre, wurde in 6 Monaten in Theorie und Praxis gedrillt. Er war wohl talentiert und erzählte gerne, dass der englische Offizier, der die Ausbildung leitete, in England ein Hotel hatte. Er wollte unbedingt, dass unser Vater nach der Gefangenschaft zu ihm nach England kommt. Die lange vermisste Heimat und die Familie zogen mehr und so kam er zurück. Wer weiß, wie sein Leben dort gelaufen wäre? Hier war er erst bei der Wismut, heiratete seine Hanna, wurde dann Bauer, gründete eine LPG mit und lebte 50 Jahre in Cunewalde. Wir waren 5 Kinder. Ich war nach 3 Jungs die ersehnte Tochter und stand meinem Vater sehr nahe. Ich glaube, das Kochtalent, die Leidenschaft für etwas zu brennen und auch eine gewisse Sturheit von ihm zu haben.

Mein Vater als Koch in Ägypten, 1946 in Gefangenschaft
Meine Eltern und Geschwister 1964

Abernmauke - Kartoffelmus

1 kg	Kartoffeln (bevorzugt mehlig)
200 ml	Vollmilch 3,5%
40 - 60 g	Butter
	frisch geriebene Muskatnuss
	Salz

Die Kartoffeln schälen und vierteln, im Topf nur knapp mit Wasser bedecken, einen gestrichenen Teelöffel Salz dazu und weich kochen. Abgießen und das Kochwasser auffangen. Die Kartoffeln zurück in den Topf geben und noch heiß stampfen. Wer keinen Stampfer hat, durch eine Kartoffelpresse drücken. Alles nicht vorhanden? Dann macht es auch eine grobzinkige Gabel, wenn die Kartoffeln richtig weich sind. Auf keinen Fall einen Mixer nehmen, das wird nur klebriger Mus.
Nun nach und nach die heiße Milch zugeben, soviel bis die gewünschte Konsistenz erreicht ist. Gerne einen Schluck Kartoffelwasser mit angießen.
Zum Schluss die Butter und die Muskatnuss zugeben. Abschmecken nicht vergessen.

TIPP

Statt Milch könnt ihr auch das Kartoffelwasser nehmen, aber trotzdem die Kartoffeln vorher abgießen und stampfen.
Butter ist eine Glaubensfrage, sie ist ein super Geschmacksträger. Die Menge ist Geschmackssache.

Einmal kochen & zweimal essen

Im Grundrezept steht, dass ihr das Kartoffelwasser aufheben sollt.
Was machen wir daraus?

Eine Kartoffelsuppe

Dazu gleich mehr Kartoffelpüree machen oder aus dem übrig gebliebenen Püree zaubern. Die schnellste Variante ist, soviel Kartoffelwasser zugießen bis aus dem Püree eine Suppe wird. Etwas gute gekörnte Gemüsebrühe zugeben und mit Majoran abschmecken.
Soll sie fleischlos bleiben, empfehle ich, ganz klein geschnittene Möhre, Sellerie und etwas klein geschnittenen Porree in der Suppe zu garen.
Der Klassiker - eine Jagdwurst oder Würstchen klein schneiden, braun braten und in die Suppe geben.
Gehackte Petersilie gehört immer obenauf. Ein paar in Butter gebratene Brotkrusteln peppen die Suppe auf.
Im Herbst und Winter getrocknete Pilze grob mahlen und zugeben, dann sollte sie aber mindestens 30 Minuten ziehen. In der anderen Jahreszeit brate ich Champignons mit einem Hauch gemahlenen Kümmel und gebe die in die Suppe.

Kein Oberlausitzer Kochbuch ohne *Abernmauke* mit **Speck** und **Zwiebeln**!

So wurde es bei uns zu Hause gegessen.
Das Grundrezept nehmen, aber statt Butter wurden dazu klein gewürfelter Bauchspeck (ganz kross ausgebraten) und Zwiebelwürfel zugegeben. Wenn diese auch braun waren, kam alles zum Püree. Eine herrlich herzhafte, nahrhafte Mauke.
Dazu gab es entweder ein Glas frische Buttermilch und fertig war das Alltagsessen, manchmal auch noch gebratene Spiegeleier. Oder *Abernmauke* und Gurkensalat mit saurer Sahne - ein erfrischendes Sommeressen. Zur Abwechslung manchmal *Abernmauke* und süß - saure *Pilzmauke*, das Lieblingsrezept meiner Sieber-Familie.

Mit dem Grundrezept Kartoffelmus - *Abernmauke* könnt ihr noch viel mehr machen. Da ist so viel Spielraum und eurer Kreativität keine Grenze gesetzt. Natürlich schubse ich euch gerne ein bisschen an mit meinen nachfolgenden, bevorzugten Rezepten.

Goldgelber Kürbis-Kartoffelmus

Nehmt wieder das Grundrezept, aber nur 500 g Kartoffeln, dafür noch 500 g Hokkaidokürbis. Den Hokkaidokürbis mit Schale grob würfeln. Eine Zwiebel würfeln, in einem Topf mit Öl glasig schwitzen und einen Teelöffel Curry zugeben, Hokkaidokürbis drauf und nur ganz knapp mit Wasser oder Kokosmilch bedecken. Alles weich kochen und pürieren. Dieses Püree zu den gestampften Kartoffeln geben und so viel Milch oder Kartoffelwasser angießen bis die Konsistenz passt. Abschmecken mit Muskat.

Grasgrüner Erbsen-Kartoffelmus

Nehmt das Grundrezept und zusätzlich kocht ihr 400 g gefrostete Erbsen in wenig Wasser nur maximal 5 Minuten. Püriert diese und hebt das Püree unter den fertigen Kartoffelmus. Wer es stückiger mag, gibt die Erbsen die letzten 5 Minuten zu den Kartoffeln und stampft alles. Einen ganz anderen Geschmack bekommt ihr, wenn statt der Milch Kokosmilch genommen wird. Da könnt ihr eine Dose mit 400 ml rechnen. Gleich die Erbsen darin kochen und damit das Püree herstellen.

Einmal kochen & zweimal essen

Beide vorherigen Pürees sind im Handumdrehen eine Suppe.
Das Püree verdünnen und nochmal abschmecken. Vielleicht etwas gute, gekörnte Gemüsebrühe einstreuen.
Zur Erbsensuppe passen als Einlage in Butter gebratene Kirschtomaten, Hähnchenwürfel, marinierte Garnelen, getrocknete Tomaten in Öl.
Zur Kürbissuppe kann man krossen Frühstücksschinken, gebratene Kürbiswürfel, Röstzwiebel, halbierten gedünsteten Rosenkohl oder auch geraspelten Bergkäse geben.

Zitronen-Kartoffelpüree

Mit Fisch ist das eine schöne Kombination und sehr einfach. Nehmt das Grundrezept und 1-2 unbehandelte Zitronen oder Limetten. Reibt die Schale fein ab und mischt sie unter das Püree. Die ätherischen Öle der Limette geben Duft und Aroma und eine feine Frische. Das Püree muss etwas durchziehen.

Maronen-Kartoffelpüree

Das Grundrezept und 400 g Maronen (Esskastanien) nehmen.
Die Maronen an der Spitze einschneiden und 15 Minuten in Wasser kochen, schälen und kleinschneiden. Die Maronen in Butter etwas anbraten. Zwei Drittel davon unter den Kartoffelstampf geben, die restlichen gebratenen Maronen beim Anrichten obenauf. Schmeckt in der Winterküche und ist ein Clou als Beilage zum Festessen.

Einmal kochen & zweimal essen

Plant etwas mehr Maronen-Kartoffelmus ein und macht daraus ein Abendessen oder eine Vorspeise.

Äpfel mit Maronen-Kartoffelpüree gefüllt

Große Äpfel halbieren und aushöhlen, aber mindesten einen Zentimeter Rand stehen lassen. Bei kleineren Äpfeln nur den Deckel abschneiden und aushöhlen. In den Maronen-Kartoffelstampf 1 Ei geben und in die Äpfel füllen. Obenauf gerne ein paar Maronenstückchen. Alles im Backofen ca. 15-20 Minuten bei 160 Grad backen.

Ich richte den Apfel mit Feldsalat an und gebe Kürbiskernöl drüber. Wer eine Fleischkomponente dazu möchte, nimmt kurzgebratenes Wild. Ich mag in Thymian und wenig Zwiebel gebratene Geflügel- oder Kaninchenleber zum gefüllten Apfel.

Gefüllte Kartoffelroulade

Dieses Gericht ist als Beilage gedacht, schnell und mit wenigen Zugaben kann es zu einem vollständigen Mittagessen werden.
Gerade bei einer größeren Gästezahl empfehle ich die Kartoffelroulade statt Klöße als Problemlöser, weil das sehr gut vorzubereiten ist.

Nach Möglichkeit am Vortag die Kartoffeln kochen und schälen.
Kalte Kartoffel grob in die Schüssel reiben, Mehl zufügen. Ich gebe 2/3 Kartoffeln und 1/3 Mehl zu. Allerdings nicht nach Gewicht, sondern nach sichtbarer Menge.
Dazu ein Ei geben und mit Muskat sowie Salz abschmecken. Mit den Händen den Teig bröseln wie Streusel, nicht kneten. Erst am Ende kurz kneten.
Ein Brett mit Frischhaltefolie auslegen. Den Kartoffelkloßteig rechteckig draufgeben, flachdrücken auf max. 2 cm.
Jetzt auf die unteren 2/3 eine Füllung nach Wahl aufstreichen. Mit der Folie zur Roulade aufrollen wie ein Bonbon. Fest verschließen. Mit einer Rouladennadel oder dem Holzspieß einige Löcher reinstechen.
Im Topf mit Dämpfeinsatz ca. 30 Minuten dämpfen. Etwas ruhen lassen, auspacken, in schräge Scheiben schneiden.

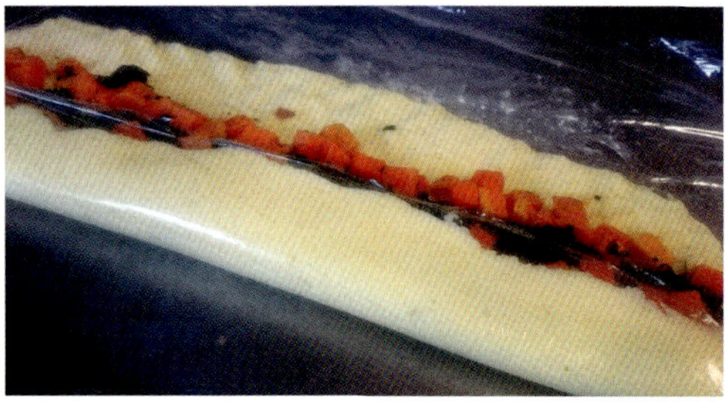

Hier ein paar Füllungen:

- Kross ausgebratene Bauchspeckwürfel mit Petersilie, Porreeblätter, Wirsing fein geschnitten oder Blattspinat, dieses Gemüse vorher kurz blanchieren
- Röstzwiebel, selbst gemacht oder gekauft - Semmelwürfel in Butter gebraten und kleingeschnittene Trockenpflaumen
- Fein geschnittene Pilze mit Zwiebel gebraten und gut gewürzt
- Gekochtes Weinkraut mit Kasslerwürfel, Knacker oder Resten vom Schweinebraten vermengen
- Gekochtes Sauerkraut auf die Platte streichen und längs eine Reihe Leberwürstel ohne Pelle drauf

Alles, was zu Kartoffelklößen passt, passt auch als Füllung! Die Kartoffelroulade kann dadurch zu einem eigenständigen Essen werden. Eine Sauce gehört dann für uns Sachsen auch noch dazu. Diese passend zur Füllung aussuchen.

Wenn es schnell gehen soll, nehmt 1,5 kg Kartoffelteig aus der Kühltheke. Verfeinert diesen mit einem Ei und gebt eine Handvoll Grieß und geriebenen Muskat zu. Der Grieß bindet die Feuchtigkeit.

Einmal kochen & zweimal essen

Salbei-Mini-Kartoffelklößchen

Den Kloßteig aus dem Rezept der Kartoffelroulade oder eben aus der Kühltheke nehmen. Kleine Klößchen von ca. 4 cm Durchmesser rollen, in siedendem Salzwasser ca. 10 Minuten garziehen lassen.
In der Zwischenzeit ein paar Salbeiblätter frisch oder getrocknet klein schneiden, in Butter braten. Vorsicht, nicht zu viel Salbei, er ist sehr intensiv im Geschmack. Die Klößchen direkt in der Salbeibutter schwenken.
Ihr mögt keinen Salbei? Dann klassisch in der Butter etwas Semmelbrösel goldbraun rösten und die Klößchen in der Semmelbutter schwenken.
So schnell - so unkompliziert- so traditionell und doch so modern.

Kartoffelsalat mit Belugalinsen

Ein klarer, frischer Kartoffelsalat mit seinem Linsenanteil voller Eiweiß und vollwertig. Die schwarzen Linsen bringen eine besondere Optik.

200 g	Belugalinsen (schwarze Linsen)
1,5 kg	Kartoffeln festkochend
1	großer Apfel
1/2	grüne Gurke
2	Stangen Frühlingslauch
	frisches Bohnenkraut oder Majoran
	kaltgepresstes Rapsöl
	Essig
	Salz, Pfeffer

Die Linsen in ca. 25-30 Minuten in reichlich Wasser ohne Salz bissfest kochen, abgießen. Noch heiß mit Salz, Pfeffer, Essig würzen, so zieht alles schneller ein. Festkochende Kartoffeln schälen und in Würfel (1,5 x 1,5 cm) schneiden. In wenig Wasser mit Salz und etwas Bohnenkraut oder frischem Majoran kochen, das geht recht schnell. Kochwasser abgießen und die Kartoffeln noch warm vorsichtig unter die Linsen heben. Nochmals abschmecken mit Essig, Salz, Pfeffer und am Ende etwas kaltgepresstes Öl zugeben. Jetzt noch den Apfel und die grüne Gurke würfeln und unterheben. Frühlingszwiebeln fein schneiden und zugeben.

Dieser Salat ist ein Allrounder, ob als Vorspeise oder Abendbrot, zum Grillen, als Mittagessen mit gebratenem Ei, Fisch oder Fleisch. Alles ist denkbar und wird euch überraschen. Ohne Frühlingslauch hält dieser Salat mind. 3 Tage im Kühlschrank.

TIPP

Wir lieben den Salat mit feinen Würfeln von Harzer Käse oder würzigem Bergkäse. Einfach untermengen und ein paar Stunden oder über Nacht ziehen lassen. Richtet ihn auf Blattsalat an und garniert mit Apfelwürfeln und Kräutern. Der Käse macht den Salat würziger und obwohl ich keinen Harzer mag, hier passt er super rein.
Schwarze Linsen bekommt ihr in gut sortierten Märkten oder Bioläden.
Rote Linsen nehme ich nicht, die werden zu leicht gar und matschig.
Eine Alternative wären noch schwarze Bohnen, die gibt es in der Dose oder getrocknet. Der Geschmack ist allerdings anders.

Konzentriertes Arbeiten in der Küche

Und - schmeckt es schon?

Gastgeschichte von Annelies Schulz

Teichlmauke – Meine Kindheitserinnerungen

Teichlmauke war das Stammgericht meiner Kindheit; Teichlmauke mit Rindfleisch und Sauerkraut gab es jeden Sonnabend bei uns.

Selbst in den Kriegsjahren, als es Fleisch nur noch auf Marken gab, behielt Teichlmauke seinen angestammten Platz auf unserem Speiseplan. Dafür wurde die ganze Woche über an Fleischmarken gespart. Montags begnügten wir uns mit dem Rest vom Sonntagsmahl, das immer, so weit ich mich entsinnen kann, aus Kotelett mit Sauerkraut bestand. Dienstags gab es meist Bratkartoffeln mit Spiegeleiern, gelegt von Großmutters Rhodeländern. Mittwochs war im Herbst die Holundersuppe die Wahl Nummer eins. Holundersuppe mit *„Einbrenne"*, was immer das sein mochte, ich habe nie danach gefragt. Ich aß alles lustlos und widerwillig, denn ich war ein mäkliges Kind, und essen war für mich ohnehin ein zeitraubender Vorgang, der mich vom Spielen abhielt. So konnte ich auch an „sauren Eiern" keinen Gefallen finden, die es immer donnerstags bei uns gab, ebenfalls geliefert von Großmutters Rhodeländern. Und erst der Freitag: Ganze *Abern* mit Butter und Quark. Oft fehlte die Butter, und es gab nur ganze Abern mit Quark. Mir aber schmeckten die *Abern* nur mit Butter. Da half es auch nicht, wenn mir die Mutter den Spruch aufsagte: *„Butter alleene macht schwache Beene"*, und die Großmutter noch hinzufügte: „Butter mit Quark, das macht stark." Doch ich blieb dabei "*Butter alleene*", wollte ich. Die aber war Mangelware in Kriegs- und Nachkriegszeiten. Und so ging ich meist hungrig vom Mittagstisch.

Doch dann kam der Sonnabend, der Tag, der alles wettmachte und ich mich für alle ungeliebten Mahlzeiten entschädigte, denn es gab „*Teichlmauke*". – Mein Lieblingsgericht. Schon der Geruch im Treppenhaus, wenn ich sonnabends aus der Schule kam, ein sättigender Geruch, der Appetit auf mehr machte. Wenn ich die Küchentür öffnete, schlug es mir verheißungsvoll entgegen. Auf dem Herd köchelte und Brutlte es. Rindfleisch und Wurzelwerk und meist auch noch ein guter Markknochen sorgten für diesen verheißungsvollen Duft. In kooperativer Übereinstimmung bemühten sich meine beiden Mütter ums Gelingen dieser Köstlichkeit. Während die Großmutter die Kartoffeln schälte und mit Salzwasser aufsetzte, zerließ meine Mutter Speckgrieben in einen Tiegel und gab das obligatorische Sauerkraut dazu. Denn ohne Sauerkraut keine *Teichlmauke*! War das Fleisch gar und die Kartoffeln weich, begann der Akt des Zubereitens. Während die Mutter das Fleisch in kleine Stücke schnitt, stampfte die Großmutter die Kartoffeln in einem großen zweihenkligen Tongefäß und setzte hin und wieder einen Schwaps Brühe zu. Danach konnte angerichtet werden. Auf tiefen Tellern wurden die gestampften Kartoffeln, in unserer Gegend „*Mauke*“ genannt, verteilt. Das Sauerkraut erhielt seinen Platz am Tellerrand. Nun folgte der Teil der Zubereitung, die dazu beitrug, dass *Teichlmauke* mein Lieblingsgericht wurde. Es war immer die Großmutter, die diesen Teil übernahm. Mit einem großen Löffel drückte sie ein Loch in die *Mauke* und schüttete die Brühe mit den kleinen Fleischstücken hinein. Der Vater bekam die meisten Stücke, dann ich. Aber ich aß nicht nur mit Genuss, ich spielte dabei auch mit Genuss. Für mich waren alle Fleischstücke Fische, die ich angelte oder Schiffe in Seenot, die ich rettete und in einen sicheren Hafen führte. „Mit Essen spielt man nicht“, sagte mein Vater streng. „Ach, lass sie nur“, entgegnete die Großmutter stets, „Hauptsache, ihr schmeckt`s.“

Geschmeckt hat es mir, eine ganze Kindheit lang. Und noch heute, wenn in einer Gaststätte *Teichlmauke* auf der Speisekarte steht, bestelle ich für mich dieses kinderfreundliche Gericht, aber bitte mit viel – viel Brühe!

Schwatz am Gartenzaun bei Annelies Schulz

Annelies Schulz, „die“ Schriftstellerin der Oberlausitz, lernte ich im Sommer 2018 kennen. Ich war ihr Chauffeur zu einer Buchlesung. Nach wenigen Kilometern unterhielten wir uns schon wie alte Bekannte. Was war ich stolz, dass wir gemeinsam eine Lesung zur Holunderzeit, mit meinem Holundermenü machten. Und jetzt schrieb sie extra für mich ihre Erinnerungen zum Speiseplan ihrer Kindheit. Sie ist jetzt Mitte 80, aber wenn sie liest, ist sie wieder ein junges Mädchen und lässt uns an diesem Zauber teilhaben.

Pasta & Co.

- Nudeln machen glücklich -

Nudeln machen glücklich

Warum machen Nudeln so glücklich? Dazu gibt es sogar eine Webseite. Also ganz kurz von der fachlichen Seite gesehen: Nudeln bestehen zumeist aus Mehl oder Hartweizengrieß. Getreide hat sehr viele komplexe Kohlenhydrate und genau die bringen das menschliche Gehirn dazu, das als Gute-Laune- oder auch als Glückshormon bekannte Serotonin zu produzieren. Damit das Hormon gebildet werden kann, braucht es die Aminosäure Tryptophan. Das findet man in Fisch, Fleisch, Eiern, Joghurt. Wenn jetzt noch Tryptamin, zum Beispiel aus Tomaten, dazu kommt, steht der guten Stimmung nichts mehr im Wege. Das ist also das Geheimnis des beliebten Gerichtes Nudeln mit Wurst und Tomatensauce.

Die Italiener kennen noch eine Steigerung des Glücksgefühls – sie geben auch noch Basilikum dazu, eine Pflanze, die den Geist anregt. Übrigens haben nicht die Italiener die Nudel erfunden – tatsächlich stammt das älteste überlieferte Nudelrezept aus Asien von vor über 4 000 Jahren.

Die Nudel ist mittlerweile zum absoluten Lieblingsessen der heutigen jungen Generation geworden. Sie kann so vielfältig zubereitet werden, dass sich mit Nudelrezepten mühelos ein ganzes Bücherbord füllen lässt. Ich möchte in einer klitzekleinen Auswahl zeigen, dass es auch, außer mit Nudeln in Tomatensauce, ganz einfach ist, glücklich zu werden.

Mit welchen Nudeln koche ich? Früher habe ich mir da wenige Gedanken gemacht. Heute bin ich wählerischer und gebe gerne einen Euro mehr aus. Die traditionelle getrocknete Nudel hole ich vom Oberlausitz-Ei/Bauernhof Familie Pietzschke: Steinpilzpasta, Tomaten-Basilikum- bis Dinkel-Nudeln in Form von Tagliatelle. Dass in diesen Nudeln Oberlausitzer Eier drin sind, gefällt mir auch. Natürlich greife ich auch mal zu guten Produkten aus der Kühltheke. Dort ist nicht immer der Preis entscheidend. Aber einen Blick auf das Etikett, ich meine den Inhalt, solltet ihr unbedingt tun. Eine superfeine und leckere, frisch hergestellte Pasta habe ich bei Ulis Pasta in Hainewalde bei Zittau gefunden. Der kleine Laden liegt ein bisschen versteckt auf einem rustikalen Dreiseitenhof. Hier gibt es mit hochwertigen Zutaten gefüllte Ravioli, dazu frische Tagliatelle, Tagliolini, sowie selbstgekochte Soucen und Suppen. Sie finden hier alle Zutaten für ein perfektes Nudelgericht. Hergestellt werden diese in einer kleinen Manufaktur ganz in der Nähe. Die Pasta ist wirklich ein Frischeprodukt und muss in etwa fünf Tagen verbraucht werden. Ich verspreche, der Weg lohnt sich und dann gilt es nur noch, seine Lieblingspasta zu finden.

Da ist erstmal nicht mehr zu sagen als: „Ran an die Pasta und glücklich sein."

Kohlrabi - Zuckerschoten in Käsesauce

mit Tortellini oder Nudeln deiner Wahl

500 g Tortellini
500 g Kohlrabiwürfel
200 g Zuckerschoten
1 Zwiebel
200 g Crème fraîche
150 g Emmentaler oder anderer Käse
Salz, Pfeffer
Öl

Zwiebelwürfel in wenig Öl dünsten, Kohlrabiwürfel zugeben und ganz knapp mit Wasser bedecken. Bissfest kochen. Zuletzt die Zuckerschoten für 2 Minuten mitkochen lassen. Crème fraîche unterrühren und den geriebenen Käse zugeben, sanft schmelzen lassen. Mit Salz und Pfeffer abschmecken.
Die Pasta nach Anleitung zubereiten und mit dem Gemüse-Käse-Ragout anrichten. Gerne noch frische Kräuter dazu geben.

TIPP

Das Gemüseragout gehört in die Sommer und Frühlingsküche. Durch den Käse sättigend und trotzdem nicht zu schwer. Eine Salzkartoffel passt genauso dazu. Und für Fleischliebhaber ein Schnitzel aus Kalb oder Schwein dazu.

Krautnudeln aus meiner Dresdner Zeit

Knacker in 1cm dicke Scheiben teilen. Den Kohl grob schneiden, am besten blättrig in Vierecke, die Zwiebeln würfeln. In einer großen Pfanne die Knackerscheiben anbraten. Zwiebel und Kraut zugeben, das Kraut soll schön Farbe annehmen, das macht den Geschmack (dauert ca. 10-12 Minuten).
Würzt mit Salz, Pfeffer und dem gemahlenen Kümmel. Der ist wichtig für die Verdauung und als Würze. Gemahlen merken diesen Geschmack die Kümmelgegner sehr selten.
Nebenher die Nudeln bissfest kochen, abgießen und etwas Nudelwasser aufheben. Ist das Kraut weich und hat Farbe bekommen, die Nudeln unterheben. Nochmal würzig abschmecken, eventuell einen Schluck Nudelwasser zugeben. Durchgezogen schmeckt die Pfanne noch besser und hält 3 Tage im Kühlschrank.

Kleine Geschichte am Rande

Wir hatten in meiner langen Zeit als Betriebsleiterin des Caterings in der Sächsischen Landesärztekammer ein Kammerrestaurant mit täglich 120 bis 160 Tischgästen. Alle sechs Wochen wiederholten sich die Speisen, abhängig von der Saison. Nur bei Krautnudeln gab es keine Saison. Wenn die am Montag auf dem Speiseplan standen, war das zweite Essen völlig unwichtig und unser Koch Jörg kam kaum nach mit Kraut braten und Nudeln kochen.

Herbstpasta mit Kürbis, Bohnen, Pilzen

400 g	Champignons/ Kräutersaitlinge
500 g	Penne/ Fusilli
400 g	Butternut/ Hokkaidokürbis
400 g	Bohnen frisch oder Prinzessbohnen TK
50 g	Butter
1 TL	Currypulver, Bohnenkraut, Muskat
1	große Zwiebel
	Salz, Pfeffer
	Öl

Zwiebel in Würfel schneiden, Pilze vierteln, frische Bohnen schnippseln, Kürbis würfeln. Zwiebelwürfel in Öl mit Currypulver anschwitzen, Kürbis dazugeben, nach ca. 5 Minuten die Pilze kurz mitbraten, dann Bohnen dazugeben und eine Tasse Wasser angießen.
Würzen mit Salz und Bohnenkraut. Zudecken und ca. 5-8 Minuten sanft dünsten.
In der Zwischenzeit die Nudeln bissfest kochen. Abgießen, etwas Nudelwasser aufheben. Nicht abschrecken.
Heiße Nudeln unter das Gemüse heben, nochmal abschmecken mit Butter und Muskat, Salz und Pfeffer. Evtl. etwas Nudelwasser angießen.
Die Nudelpfanne sollte etwas ziehen, dann verbinden sich die Aromen besser.

TIPP

Wer es deftiger mag, brät am Anfang Katenschinken oder Kasslerwürfel mit. Dazu schmecken auch kleine Hackbällchen. Die Pfanne kommt auch gut mit Gnocchi oder Miniklößchen.

Dinkelvollkorn - Pasta

mit Birnen, Gorgonzola & Nüssen

Zwiebeln würfeln, Birnen in Spalten schneiden, Nüsse in Butter rösten. Zwiebelwürfel in Öl glasig schwitzen, Kaffeesahne oder Milch zugeben, aufkochen. Gorgonzola zugeben und bei sanfter Hitze schmelzen lassen. Birnen zugeben, pfeffern, abschmecken. Zwischendurch die Vollkornnudeln in reichlich Wasser bissfest garen, abgießen. Die Pasta auf tiefe Teller geben, Gorgonzolasauce drauf und die gerösteten Nüsse dazu bieten.

Natürlich könnt ihr statt Gorgonzola auch Roquefort oder einen anderen Blauschimmelkäse nehmen.
Die Birne kann mit Apfel oder Traube getauscht werden.
Für die Nüsse alternativ Schinkenstreifen roh oder gekocht.

Steinpilznudeln nach italienischer Art

mit Sahne & Eigelb gebunden

250 g	Steinpilze oder braune Champignons
200 g	grüne Erbsen
500 g	Steinpilzbandnudeln
30 g	Parmesan
400 ml	Sahne
1	Zwiebel klein geschnitten
2 EL	Öl
2	Eigelb
	Salz, Pfeffer

Zwiebelwürfel in Öl glasig dünsten, in Scheiben geschnittene Pilze zugeben und ganz kurz dünsten (maximal 2 Minuten). Die Sahne dazu geben und ein bisschen einkochen lassen. Das Eigelb mit 3 EL heißer Sahne verquirlen. Anschließend in die Pilzsahne geben, Temperatur runter, nicht mehr kochen lassen und so lange rühren, bis eine leicht cremige Sauce entstanden ist, salzen und pfeffern.

Die Nudeln in reichlich Salzwasser nach Packungsanweisung al dente kochen, die letzten 3 Minuten die gefrosteten Erbsen zugeben.

Während die Nudeln und Erbsen kochen, den Parmesan hobeln.

Nudeln abgießen, etwas Nudelwasser aufheben. Die Nudeln und Erbsen heiß und sofort, ohne abzuschrecken, in die Sauce geben, Parmesan unterheben. Der Parmesan bindet und die Sauce zieht sehr schnell ein. Ist es zu trocken, etwas Nudelwasser hinzufügen.

TIPP

Die Pilze kann man weglassen, dann zum Beispiel Katenschinken am Anfang braten. Oder nur Sahne und Eigelbsauce und am Ende zum Beispiel Erbsen und Räucherlachs zugeben. Oder Zucchini anbraten und statt Parmesan geriebenen Mozzarella verwenden. Probiert es einfach aus! Eine Pasta zum Verwöhnen.

Pasta mit Rote Bete - Sauce und Mohn

220 g	Tagliatelle
30 g	Parmesan
300 ml	Kaffeesahne
1 EL	guter dunkler Balsamico
2 EL	Olivenöl
2 EL	gerösteter Mohn
1	große Knoblauchzehe
3	Rote Bete, gekocht
	Salz, Pfeffer

Knoblauch kleinschneiden, Rote Bete grob schneiden und pürieren. Knoblauch in Öl glasig anschwitzen, pürierte Rote Bete dazugeben und mit der Sahne kurz erhitzen. Den Balsamico unterrühren, mit Salz und Pfeffer abschmecken.
Den Mohn ohne Fett rösten bis er duftet.
Die Pasta bissfest kochen, abgießen, etwas Nudelwasser aufheben.
Die Pasta und die Sauce gut vermengen. Nochmal abschmecken, evtl. etwas Nudelwasser zugeben. Mit Mohn und Parmesan bestreuen und sofort servieren.
Eine ungewöhnliche Kombination, aber sie hat was Besonderes.

Nudeln mit Zucchini - Frischkäse - Sauce

Katenschinken mit wenig Öl knusprig braten. Zwiebel und Knoblauchwürfel zugeben und glasig braten. Nun die Zucchini dazu, 150 ml Wasser oder Gemüsebrühe angießen und ca. 5 Minuten kochen.
Frischkäse unterrühren, mit einem Schuss Zitronensaft, Salz und Pfeffer abschmecken.
Nudeln nach Packungsanleitung in reichlich kochendem Salzwasser bissfest garen. Nudeln abgießen, nicht abschrecken, etwas Nudelwasser auffangen.
Nudeln mit der Sauce mischen und bei Bedarf etwas Nudelwasser dazugeben.
Gerne noch frische Kräuter unterheben oder halbierte Kirschtomaten, Fetawürfel oder Paprikawürfel.

Diese Pasta ist auch mit allen anderen Gemüse je nach Saison machbar.

Vegetarisch ohne Schinken zubereiten oder in die vegetarische Sauce am Ende Räucherlachsstreifen zugeben.

Eine wirklich schnelle Pasta!

Heimischer Fisch auf den Tisch

Heimischen Fisch auf unseren Tisch

Fisch – das ist seit Anfang an ein Herzensthema von mir. Schuld daran ist Katja Lorenz – eigentlich hatte sie nur meinen Garten schön machen sollen. Bei der Gelegenheit fragte sie, ob wir nicht einen Workshop mit heimischem Fisch zusammen machen sollten. Ihr Vater hat sein Leben lang als Fischwart gearbeitet und seit 1989 betreibt er privat ein Haltebecken mit Forellen, Karpfen und Co. Der heimische Fisch habe es schwer, immer weniger Menschen kauften ihn. Da waren sie bei mir genau an der richtigen Stelle und seitdem gibt es gemeinsam jedes Jahr diesen Workshop.

Hört man das Wort Oberlausitz, denken viele an das Bergland mit seinen Umgebindehäusern, dabei gehört die wunderschöne Oberlausitzer Heide- und Teichlandschaft genauso dazu. Nach Königswartha fahren, das Fahrrad schnappen und los geht's. In Wartha das Haus der Tausend Teiche besuchen und in das UNESCO-Biosphärenreservat eintauchen. Es fühlt sich sofort wie Urlaub an, so nah und so schön. Überhaupt – die vielen Teiche. Im 15./16. Jahrhundert kam es in dieser Region zu einer beachtlichen Erweiterung der Teichwirtschaft, die Fischzucht war dort von jeher von großer wirtschaftlicher Bedeutung. Das ist bis heute so geblieben und es gibt von vielen Seiten enorme Anstrengungen, das zu erhalten. Und hier sind wir Verbraucher gefragt: nicht nur reden von Klimaschutz und Nachhaltigkeit. Kauft bitte wieder mehr heimischen Fisch! Karpfen, Schleie, Hecht und Stör haben es verdient. Und mit den folgenden Rezepten gelingt auch dem Skeptiker die Zubereitung.

Besonders angetan hat es mir persönlich der Karpfen. Drei Sommer lang sorgen die Teichwirte für die Aufzucht, fischen ab, setzen den Karpfen um, bis es ihm dann im letzten Herbst sozusagen an die Kiemen geht.

Herzogs Haltebecken in Niedergurig

Mein Lieblingsgericht vom heimischen Karpfen

Gebackener Karpfen hieß zu Hause: Karpfen aus dem Backofen mit einer knusprigen Haut durch Mehl und viel Butter. Dazu die obligatorische Salzkartoffel und Kopfsalat. Ein Familien-Festessen.

Heute trauen sich viele nicht mehr an einen ganzen Fisch heran und es ist doch so einfach. Ein zweiter positiver Aspekt, die ungeliebten Gräten gehen aus einem ganzen Fisch viel leichter raus. Das Fischfleisch fällt förmlich von den Gräten ab.

Also Mut gefasst und ran. Hier mein Rezept, eine Mischung aus Tradition und Moderne. Durch das Füllen mit Gemüse und Gewürzen zeitgemäß und lecker.

Karpfen aus dem Backofen

Als traditionelles Gericht ist Karpfen blau bekannt.
Dass man aus dem Karpfenfilet auch ein saftiges, wohlschmeckendes Schnitzel machen kann, wissen die Wenigsten. Das Rezept dazu findet ihr auf Seite 90.
Aus den Gräten, Haut und Kopf wird eine intensive Fischbrühe, die wir mit einfachen Mitteln in eine edle Fischsuppe verwandeln.
Wie es geht, lest auf Seite 89.

Gebackener Karpfen mit knuspriger Haut

1	Karpfen nicht zu klein
250 ml	Wasser
150 g	zerlassene Butter
500 g	Suppengemüse frisch oder je eine große Handvoll Möhre/Porree/Sellerie
3-4 EL	Mehl
2-3 EL	Öl zum Einfetten des Backbleches
2	Stengel Estragon oder Petersilie
1	größerer Apfel
1	Zitrone zum Zubereiten
1	Zitrone in Spalten zum Essen
2	Lorbeerblätter
3	Pimentkörner
	Salz, Pfeffer

Nehmt ein tiefes Backblech oder eine passende Form und fettet es mit Öl kräftig ein. Schneidet das gewaschene Gemüse in mittelgroße Würfel und Scheiben. Reibt die Schale der Zitrone ab und presst die Zitrone aus.

Wascht den Karpfen und nehmt die Kiemen raus. Reibt den Zitronensaft in die Bauchhöhle. Jetzt wird er von innen und außen kräftig mit Salz, Pfeffer und Zitronenschale gewürzt. In die Bauchhöhle lege ich die Petersilien- oder Estragonstengel. Dazu einen großen Apfel und was an geschnittenem Gemüse reingeht. Stellt den Fisch mittig auf das Blech.

Lutz aus Neubrandenburg ganz bei der Sache

Der Apfel soll dem Fisch Stütze sein, damit dieser nicht umfällt. Das Gleiche geht auch mit einer Tasse. Um den Fisch herum legt das restliche Gemüse. Nehmt jetzt ein Sieb und bemehlt die Seiten des Karpfens. Genau das brauchen wir für eine schöne Kruste.
Jetzt noch das Wasser an die Seite gießen und Lorbeerblätter und Pimentkörner unters Gemüse legen. Bei 180 Grad Umluft geht es erstmal ca. 25 Minuten in den Ofen. Dann, das Mehl soll eine leicht braune Farbe haben, öffnet den Ofen und übergießt den Fisch mit der Hälfte der zerlassenen Butter.
Nach ca. 15 weiteren Minuten mit dem Rest ein zweites Mal. Jetzt kommt es auf euren Ofen an. Der Fisch ist gut, wenn sich die obere Flosse leicht ziehen lässt und die Haut knusprig ist. Manchmal gebe ich die letzten 5-10 Minuten noch einmal mehr Hitze (200 Grad). Das umliegende Gemüse sollte nur leicht braun sein, manchmal muss ich es eher rausnehmen.
Unser Karpfen ist nun servierbereit. Ich stelle immer das ganze Blech hin. Eine Augenweide und es riecht sooo gut. Das Gemüse und die Butter drum herum sind neben den Salzkartoffeln die Beilage und Sauce.
Nehmt das Gemüse von der Vorderseite zuerst weg. Dann oben am Rücken mit dem Messer einschneiden und mit dem Messer und einem Bratenwender das Fischfleisch vorsichtig nach vorne fallen lassen. Fertig!

TIPP

Ergänzt das Gemüse mit Fenchel, ein feines Gemüse zum Fisch. Wollt ihr mehr Gemüse drum herum, einfach Menge anpassen. Eine Möglichkeit ist auch, kleine oder halbierte mittelgroße Kartoffeln mit aufs Blech zu legen, dann spart ihr nochmal Zeit beim Kochen. Estragon ist das perfekte Fischgewürz für Füllung und auch für weiße Fischsaucen. Piment und Lorbeer geben den Saucen Geschmack, alternativ ein bisschen gekörnte Gemüsebrühe in die 250 ml Wasser geben.

Einmal kochen & zweimal essen

Jetzt habt ihr nach dem Essen den Kopf und Mittelgräte übrig und auf dem Blech noch Bratensatz und restliches Gemüse. Kopf, Gräten, Gemüse eng in einen Topf legen, den Bratensatz mit heißem Wasser ablösen und damit alles bedecken. Mindestens 25 Minuten sanft köcheln lassen, danach abgießen.
In der Zwischenzeit schneide ich 1 große Zwiebel, 1-2 Knoblauchzehen und brate die in etwas Öl an. 1-2 Esslöffel Tomatenmark und die Fischbrühe drauf. Nochmal kurz köcheln lassen, abschmecken und fertig ist die Fischsuppe.
Als Einlage kann alles rein, was ihr habt. Gemüse, Fischreste, Gnocchis, Reis und vieles mehr. Dazu noch mediterrane Kräuter und ein Löffel Crème fraîche dazu geben - superlecker.

Karpfenschnitzel mit Zitrone

Das Karpfenfilet in nicht zu kleine Stücke schneiden. Eine Zitrone ausdrücken und damit den Fisch marinieren. Jetzt Salz und Pfeffer auf den Fisch. Die Eier verquirlen. Das Semmelmehl auf einen tiefen Teller geben. Das Öl erhitzen, bis sich an einem Holzstab Bläschen bilden. Nun stimmt die Temperatur.

Die Fischstücke mit Mehl bestäuben, zuerst im Ei und dann im Semmelmehl wenden. Portionsweise ins Fett geben und ausbacken. Auf Küchenkrepp geben, um überschüssiges Fett zu ziehen.

Im Backofen bei 100 Grad warmhalten.

Angerichtet wird ganz klassisch mit Zitronenspalten. Dazu passt ein Gurken-Kartoffelsalat, Linsengemüse oder ein frischer Salat.

Der Karpfen hat es schwer, die Akzeptanz ist leider weit entfernt von früheren Zeiten. Deshalb wollte ich etwas nachhelfen und probierte es mit einem Karpfenschnitzel. Schnitzel geht immer und so war es. Diese Variante lieben meine Gäste und Kochschüler und wir helfen den Teichwirten, unsere Kulturlandschaft zu erhalten.

Stör, Hecht und Co

in Gemüse und Weißwein gedünstet

Den Fisch waschen, Kiemen rausnehmen, innen und außen kräftig salzen. In eine gefettete Pfanne mit Deckel legen. Das Gemüse grob schneiden und drum herum geben.
Den Wein mit Kurkuma verrühren und angießen. Lorbeer und Piment zugeben. Deckel drauf und auf dem Herd köcheln lassen, bis die Fischflosse leicht rausgeht. Das ist ein Indiz dafür, dass der Fisch gar ist. Das Gemüse sollte nicht zu weich sein.
Jetzt die Flüssigkeit vorsichtig abgießen und mit dem Schmand oder Crème fraîche verrühren.
Ist die Sauce zu dünn, die Stärke in wenig kaltem Wasser einrühren und damit die heiße Sauce andicken. Alles nochmals abschmecken.
Ich gebe die Sauce wieder zurück auf das Gemüse in der Pfanne und stelle den ganzen Fisch auf den Tisch. Oben an der Mittelgräte mit dem Messer die Haut einritzten und nach vorn ziehen. Dann kann das Fischfleisch ganz leicht abgelöst werden.

Marinierter Hering mit Pellkartoffeln

„Ganze Abern mit eimoariertem Harch"

Die Salzheringe 18 Stunden wässern und zweimal das Wasser wechseln. Nach dem Ausnehmen und Putzen in 3-4 cm mundgerechte Stücke schneiden. Zwiebeln und Möhren in Scheiben schneiden. Essig, Wasser, Gemüse, Lorbeer und Piment ca. 15 Minuten köcheln lassen. Das Gemüse sollte nicht zu weich sein. Abkühlen lassen und alles mit dem Schmand verrühren.
Den Apfel und die Gurke würfeln und den Hering zugeben. Es muss alles bedeckt sein, jetzt mindestens 6-8 Stunden ziehen lassen. Danach nochmal abschmecken. Der Hering gibt einiges Salz an die Tunke ab.
Jetzt werden nur noch die Pellkartoffeln gekocht.

Wir geben den Fisch mit viel Tunke auf einen tiefen Teller. Die Pellkartoffeln dazu und dann wird mit der Gabel die Kartoffel gequetscht, so dass sie viel Sauce schlucken kann. Eine Portion Kopf- oder Feldsalat dazu.

Das Rezept ist einfach, gut vorzubereiten und fertig einige Tage im Kühlschrank haltbar.

Einmal kochen & zweimal essen

Meist kauft man 1 kg Salzheringe im Eimer. Da könnt ihr gleich noch Heringshäckerle daraus machen. Die restlichen 400 g nur über Nacht wässern. Grob schneiden und mit 250 g weißem Speck und 150 g Zwiebeln durch die grobe Scheibe des Fleischwolfes drehen. Dabei verbindet sich alles zu einer homogenen Masse. Abschmecken mit Pfeffer, manchmal noch mit frisch gemahlenem Piment. Dieses Häckerle gibt's bei uns zu Weihnachten und das beste Häckerle überhaupt macht mein großer Bruder Horst. Auf einer dicken Scheibe frischem Graubrot ein Gedicht.

Kleine Geschichte am Rande

Marinierter Hering wird original aus Salzheringen hergestellt, das Arme-Leute-Essen der Oberlausitzer Leineweber aus dem 18. Jahrhundert. Der Harch war eingesalzen lange haltbar und kam in Fässern von der Nord- und Ostsee bis zu uns. Im Gegensatz zum Karpfen war er spottbillig. Heute ist der Heringsbestand überfischt und günstig kaufen ist Geschichte. Das echte Rezept wird nur noch selten zubereitet. Umso wichtiger es zu bewahren.

Übrigens, es gibt mehrere fertige Produkte mit Hering in Sahnesauce. Die können einfach und schnell aufgepeppt werden. Häufig sind sie zu sauer, da hilft ein Schluck Milch. Ich dünste kleine Möhrenwürfel und Zwiebelscheiben, schneide noch Apfelwürfel und Frühlingslauch und hebe alles unter. Das schmeckt gleich viel frischer und ist gesünder. Schneidet ihr gekochte Kartoffeln darunter, wird es ein Kartoffel–Heringssalat.

Geräucherte Forelle auf schnellem Linsengemüse

4 Portionen geräucherte Forelle

Linsengemüse:

250 g	rote Linsen
50 g	Sellerie
1	große Zwiebel
1	große Möhre
1	Lorbeerblatt
2	Pimentkörner
3	Esslöffel Öl
	Salz, Pfeffer, Essig

Dip:

200 g	Crème fraîche oder Schmand
2 EL	frische, grüne Kräuter oder mediterranes Kräutergewürz
	Salz, Pfeffer

Ich hole mir immer eine frisch geräucherte, ganze Forelle.
Vor dem Servieren gebe ich sie bei 50 Grad in den Backofen bis sie lauwarm ist. Dann löst sich das Fischfleisch von der Haut fast von allein. Der Geschmack ist wieder wie frisch aus dem Rauch. Fertiges Forellenfilet geht natürlich auch. Wenn ihr das erhitzen wollt, gebt es in Backpapier, damit es nicht zu trocken wird. Für das Linsengemüse schneidet Zwiebeln, Möhren und Sellerie in kleine Würfel. Dünstet alles in Öl für ca. 3 Minuten, 300 ml Wasser angießen, den Lorbeer und Piment zugeben. Kurz aufkochen und jetzt die roten Linsen für ca. 8 Minuten darin kochen. Aufpassen, rote Linsen sind ganz schnell gar. Reicht die Flüssigkeit nicht, noch etwas zugeben. Zum Durchrühren nehme ich eine große Fleischgabel, damit es keinen Mus gibt. Sind die Linsen gar, abschmecken mit Apfelessig, Salz und Pfeffer. Der Dip ist schnell aus den wenigen Zutaten zusammengerührt.

Kochen mit Senf und Bier

Ich gebe meinen Senf dazu ...

Also – ich hänge mich gern in Gespräche rein, äußere gern meine Meinung, rede schneller, als ich denken kann. „Die gibt überall ihren Senf dazu", heißt es dann zu recht. Sorry, manchmal kann ich einfach nicht anders. Die Redewendung „Seinen Senf dazu geben" ist sehr alt, genau genommen aus dem 17. Jahrhundert. Zu dieser Zeit war Senf sehr wertvoll. Wenn es in einer Gastwirtschaft zum oder im Essen Senf gab, galt dieses gleich als viel besser, also anspruchsvoller. Nun ja, nur leider passt Senf nicht zu jedem Essen. So wie meine Kommentare wohl auch nicht immer passen.

Wenn wir in der Oberlausitz das Wort Senf hören, sagen zehn von zehn Leuten sofort: „Bautz'ner Senf." Denken voller Hingabe an gebratene Würstchen vom Grill oder aus der Pfanne. Eine Wurst in der Hand mit Senf und Brötchen – lecker. Nach wie vor gibt's bei uns nichts, was als Imbiss häufiger verkauft wird.

Gelesen habe ich, dass der Siegeszug des Bautz'ner Senfes 1953 begann. Heute zählt die Marke zu den bekanntesten Ostprodukten und ist in vielen Varianten bundesweit in den Regalen zu finden. Toll!

Übrigens, Ostdeutsche sollen dreimal so viel Senf wie Westdeutsche verdrücken und das ist schlau. Denn Senf ist als Pflanze eine wahre Wunderwaffe der Natur. Äußerlich angewendet, fördert er die Durchblutung, stillt Schmerzen und hemmt Entzündungen. Das wusste man schon im Mittelalter. Für die damaligen Köche war Senf eine der wenigen Möglichkeiten, Speisen scharf zu würzen. Pfeffer und Chili spielten erst später eine Rolle. Senf regt den Appetit an und fördert die Verdauung. Darum ist Senf perfekt zu unserer geliebten Wurst oder zum Schweinebraten – leckere Dinge, aber leider sehr fetthaltig und dank Senf besser verträglich.

Die Historie des Senfes gefällt mir ausgesprochen gut. Bei Ausgrabungen auf dem indischen Subkontinent fand man heraus, dass dort schon vor etwa 4 000 Jahren Senf angebaut wurde. Der Römer Columella schrieb das erste Rezept zur Senfherstellung im 1. Jahrhundert nach Christus. In Mitteleuropa wird Senf das erste Mal im 8. Jahrhundert erwähnt und zwar in einer Schrift von Karl dem Großen. Bald gehörte der Senf zu den wichtigsten Gewürzen an europäischen Tafeln, bis er zum normalen Volk gelangte.

Ich habe ein ganz besonderes Verhältnis zum Senf. Als ich mich nach 38 Jahren Koch-Wirbelei in Dresden mit meiner Kleenen Schänke in Cunewalde selbstständig machen wollte, hatte ich nur einige private Kontakte . Für meine Idee der Koch- und Kulturwerkstatt wollte ich aber unbedingt Menschen finden, die auch kreativ unterwegs sind und vielleicht mit mir neue Wege gehen. Ich weiß nicht mehr, wie es zustande kam, auf alle Fälle wurde ich gefunden - von den Neugeistern e.V., genau genommen von Ulrike Neumann.

Wir hatten sofort einen prima Draht und Ulrike half mir sehr, mich bekannt zu machen. Von ihr kam die Idee, ein Frauenfrühstück für Unternehmerinnen zu veranstalten und hier konnte ich helfen. Das erste dieser Frühstücke fand bei uns in der Kleenen Schänke statt und ich lernte unter anderem eine sympathische, junge Frau kennen – Denise Hierl von Heinke & Sohn aus der Hammermühle in Bautzen. Bis dahin wusste ich nicht, dass diese Mühle als Industriedenkmal gerade wieder Stück für Stück ins Leben zurückgeholt wird. Auf der Suche nach besonderen Produkten fand ich dort gutes Leinöl, Senföl, Sonnenblumenöl – und ganz viele Sorten Senf, die Heinke & Sohn in Manufakturarbeit herstellt. Die Qualität überzeugte mich schnell und sehr bald stand in meinem kleinen Laden Senf aus der Hammermühle.

Ich vermittelte den Kontakt auch zu meinem Sohn Roy, der einer der Inhaber des Geschäftes „Whisky & Genuss" in Dresden ist. Für Dresden wurde ein Whiskysenf entwickelt, der heute nicht mehr aus dem Laden wegzudenken ist. In Bautzen, in Dresden, in Cunewalde – ein gemeinsames Produkt, das Freude macht. Mittlerweile haben wir sogar in einer Zusammenarbeit mit Rene Fischer, dem Obstquetscher aus Eulowitz, einen Senf mit Aronia und Apfel kreiert. Wozu der passt? Als Brotaufstrich drunter oder auf dem Käse, wunderbar in Dressings für Blattsalate und zum Abschmecken von Wildsaucen.

Wieder mal ein Spruch gefällig? Ich gebe gerne meinen Senf dazu:

„Gemeinsam sind wir stark."

Denise Hierl vor der „Kleenen Schänke" in Cunewalde

Dinkelnudeln mit Räucherlachsforelle

Crème fraîche und feiner Senfnote

400 g	Dinkel- Bandnudeln
200 g	Räucherlachsforelle
200 ml	Crème fraîche
1/2 Bund	Dill
1 EL	Senf
	Salz und Pfeffer

Zuerst das Nudelwasser mit Salz ansetzen. Den Räucherlachs in Streifen und den Dill fein schneiden.
Die Nudeln nach Packungsanweisung „al dente“ kochen, abgießen, etwas Nudelwasser auffangen und beiseite stellen. Die Nudeln zurück in den heißen Topf geben, Crème fraîche, 2/3 Räucherlachsforelle und Dill sowie den Senf zugeben.
Alle Zutaten vorsichtig mischen, eventuell etwas Nudelwasser zugeben. Abschmecken mit Salz und Pfeffer aus der Mühle.
Sofort auf vorgewärmten Tellern anrichten, die Crème fraîche zieht schnell ein. Restlichen Lachs obenauf und noch einen kleinen Zweig Dill zur Garnierung.

TIPP

Gemüse fehlt? Bei mir kommt eine in Streifen geschnittene Fenchelknolle und eine in Scheiben geschnittene Möhre dazu. Die dünste ich in etwas Öl, Knoblauch und Ingwer.
Das passt super zur Pasta. Oft hebe ich das Gemüse gleich unter die Nudeln.
Alternativ könnt ihr Räucherlachs oder Graved Lachs nehmen.
Die feine Sauce vom Graved Lachs obendrüber geben.

Aufgeschlagene Eier in Senfsauce

Manche Gerichte sind mit seinem Geschmack so fest im Kopf, dass es nur das Original sein darf. So ist es mit den Senfeiern. Was habe ich da nicht schon für Varianten gegessen! Meine Nummer eins ist die Zubereitung, bei der die Eier in die fertige Senfsauce geschlagen werden und dort garziehen. Eines der wenigen Rezepte, wo ich noch Speck verwende.

80 g	grüner Speck
100 g	Mehl
1	Zwiebel
1 L	Wasser
1 EL	Essig
2	großer EL Senf
2	Lorbeerblätter
3	Pimentkörner
8	Eier

Den Speck in einem flachen größeren Topf glasig schwitzen, die Zwiebel gewürfelt zugeben, Mehl vorsichtig einstreuen, kurz rösten und mit dem Schneebesen glatt rühren. Kaltes Wasser nach und nach zugießen und alles unter Rühren zum Kochen bringen. Lorbeer, Piment, Salz zugeben und ca. 15 Minuten sanft kochen. Mit Essig und Senf abschmecken, vielleicht noch eine Prise Zucker zugeben.
Jetzt die aufgeschlagenen Eier mit einer Kelle in den Topf reingleiten lassen, schön nebeneinander. Deshalb der flache, größere Topf. Die Sauce nur ganz leicht köcheln lassen. Die Eier garen in der Sauce, das geht recht schnell, so 8-10 Minuten. Danach löst man sie mit einem Bratenheber vorsichtig heraus.

Die Eier haben den Geschmack der Sauce angenommen und schmecken mir persönlich viel besser als das häufig hart gekochte Ei in Senfsauce.
Klassisch gehört die Salzkartoffel dazu.

TIPP

Man kann nie genau sagen, wie das Verhältnis Mehl zu Wasser ist. Darum das Wasser nach und nach zugeben. Wird die Sauce zu dünn, etwas Mehl in kaltem Wasser anrühren und damit die Sauce noch mehr binden. Einen Teil des Wassers könnt ihr durch Milch ersetzen.

Schweinerücken in Senf - Bier - Marinade

Schweinerücken ist ein begehrtes mageres Stück, leider immer mit der Gefahr, es trocken zu braten. Darum hier ein sanftes Rezept für saftiges Fleisch.

1-2 kg	Schweinerücken ohne Knochen
300 g	Karotte, Zwiebel, Sellerie
400 ml	Bier
3 EL	Senf
1 EL	Majoran
	Öl
	Pfeffer, Salz, Knoblauch

Bier, Majoran, Pfeffer, Knoblauch zu einer Marinade verrühren. Das Fleisch auf allen Seiten einstreichen, in einen Plastebeutel geben, verschließen und 8-24 Stunden ziehen lassen.
Die Marinade vom Fleisch leicht abstreifen (verbrennt beim Anbraten), aber aufheben. Fleisch jetzt etwas salzen. Den Bräter mit Öl erhitzen, Fleisch von allen Seiten sehr heiß braun braten. Es entstehen Röstaromen, die Geschmack geben. Das Fleisch rausnehmen und im 120 Grad vorgeheizten Backofen (keine Umluft) fertiggaren.

Druckprobe mit dem Daumen, oder mit dem Fleischthermometer bis 61 Grad gehen. Das dauert je nach Dicke des Fleisches 20-40 Minuten. Wichtig ist, das Fleisch im leicht abgekühlten Backofen noch etwas ruhen zu lassen, mindestens 15 Minuten.

Sauce

Das Gemüse im Bratenansatz sehr braun braten, die abgestrichene Marinade zugeben, mit Bier oder Wasser ablöschen, etwas reduzieren (einkochen) lassen, nochmal etwas angießen. Den gebildeten Bratensaft aus dem Backofen zugießen. Die Sauce mit in wenig kaltem Wasser angerührter Stärke andicken. Jetzt nochmal abschmecken.
Aus 1 kg Fleisch entsteht max. 400 ml Sauce. Man kann auch eine Brühe oder braune Grundsauce angießen.

Camembertcreme mit Bier und fruchtigem Senf

200 g	reifen, weichen Camembert
1	rote Zwiebel
1 TL	fruchtiger Senf
	Bier nach Bedarf

Den Camembert würfeln, ganz wenig Bier zugeben und mit einer Gabel zu einer cremigen Masse rühren.
Dazu eine fein gewürfelte rote Zwiebel, 1 TL fruchtiger Senf, Salz und Pfeffer zugeben und abschmecken.
Die Creme dick aufs frische Brot geben und dazu einen Kopfsalat mit Radieschen, Gurke und Lauchzwiebeln reichen. Ein schönes Glas Bier dazu und der Feierabend kann kommen.

Kaninchen in Thymian - Bier - Senfsauce

1	Kaninchen
2	Zwiebeln
1	Möhre
1	kleines Stück Sellerie
0,5 L	Bier
2	Lorbeerblätter
3	Pimentkörner
2	Knoblauchzehen
1cm	Ingwer
	Salz, Pfeffer, Senf
	Öl

Das Kaninchen in Portionsstücke teilen. Mit Senf einstreichen, Thymian draufstreuen, salzen und pfeffern. Zwiebel, Karotte, Sellerie in Würfel ca. 2 x 2 cm schneiden.
Das Fleisch in Öl von allen Seiten anbraten, rausnehmen und warmstellen. Jetzt das Gemüse im Bratensatz anbraten. Mit reichlich Bier ablöschen.
2 Tassen Wasser angießen, Lorbeerblatt, Pimentkörner, Knoblauch und Ingwer zugeben. Das Fleisch schön eng in einen Topf mit Deckel legen. Gemüse und Sauce draufgeben. Das Fleisch sollte zu mindestens 2/3 mit Sauce bedeckt sein. Den Deckel drauf und die Temperatur so einstellen, dass der Braten nur leicht köchelt. Dauert mindesten 70 Minuten, manchmal auch mehr als 90 Minuten. Das hängt vom Fleisch ab. Eventuell zwischendurch Wasser zugeben.
Natürlich könnt ihr den Topf oder die Schmorpfanne im Backofen bei 160 Grad Umluft garen.
Wenn das Fleisch weich ist, rausnehmen und warmstellen. Die Sauce mit in wenig kaltem Wasser angerührter Stärke binden, 1-2 Minuten kochen, durch ein Sieb gießen. Zum Abschmecken saure Sahne oder einen Schuss Bier zugeben.

TIPP

Das Rezept ist auch gut geeignet für einen Bier-Senfbraten vom Schweinekamm. Den Kamm in 5 cm breite Stücke schneiden. Er wird noch besser, wenn er einen Tag in Senf und etwas Bier mariniert.

Lausitzer Knoblauch und Kräuter

Lausitzer Knoblauch

Anfang des Jahres 2019 bekam ich einen Anruf aus Königswartha, das liegt bekanntlich auch in der Oberlausitz, etwa 30 Kilometer von uns entfernt. Ein Herr Gano vom Landhof Gano bot mir getrockneten Knoblauch und daraus hergestellte Gewürzmischungen an. Spontan sagte ich nein. Neinsagen ist eigentlich nicht meine Art, aber bei getrocknetem Knoblauch meldete sich sofort mein Bauchgefühl und das grummelte: granulierter Knoblauch? Bloß nicht.

Herr Gano ließ aber nicht locker und so vereinbarten wir einen Termin in der Kleenen Schänke. Es war Februar und ziemlich kalt. Wir saßen in der kleinen Blockstube, die an diesem Tag nicht wirklich warm wurde. Antje und André Gano hatten Baguette dabei, einen Becher Joghurt und eine Knoblauch-Kräuter-Gewürzmischung. Sie rührten die Mischung und den Joghurt an und nach einer kurzen Quellzeit kam der Dip auf das frische Baguette. Was soll ich sagen – schlagartig wurde es wärmer in meiner Stube und die Geschmacksknospen vermeldeten mediterrane Empfindungen. Ich liebe die Küche des Mittelmeeres und so war es um mich geschehen. Die Ganos hatten mich.

Jetzt war ich neugierig und wollte mehr wissen. An einem Sonntag im Juni 2020 stand ich persönlich im Knoblauchfeld und sah mir diese weißen Schönheiten an. Erst kam eine braune Knolle aus der Erde. Nach dem Abschälen der äußeren Zwiebelhüllen zeigte sich eine strahlend weiße Zwiebel. Ein feiner, eher sanfter Knoblauchduft stieg mir in die Nase. Ich war ganz beseelt. Wo ist meine Küche? Ich will kochen gehen.

Antje und André Gano bei der Ernte

Das hatte Antje Gano schon übernommen und uns ein wunderbares Mittagessen gezaubert. Anschließend gab es gleich noch zur Verkostung die neu kreierte Knobilade, eine Mischung aus Knoblauch und Marmelade. Eine Zusammenarbeit mit Martin Bäns, dem „Macher" der 1. Bautzener Marmeladenmanufaktur.

Knoblauch und Marmelade? Wie passt das zusammen? Ich war skeptisch. Doch als die Süße und die angenehme Säure der Früchte meinen Gaumen berührten und sich ein leichter Hauch von Knoblauch entfaltete, war ich angenehm überrascht über diese einzigartige und wohlschmeckende Kombination. Ich kann mir diesen außergewöhnlichen Fruchtaufstrich gut zu Lamm, Hühnchen oder würzigem Käse vorstellen.

Auch an schwarzen Knoblauch haben sich die Ganos rangewagt. Schwarzer Knoblauch ist keine eigene Pflanzenart, vielmehr handelt es sich um den gewöhnlichen Knoblauch, der über einen längeren Zeitraum kontinuierlich bei gleichbleibender Temperatur erhitzt wird und während des Fermentierungsprozesses seine Schwarzfärbung erhält. Durch die Fermentierung verliert er seinen typischen Knoblauchgeruch und Knoblauchgeschmack. Stattdessen erwartet uns ein süßliches, nach Lakritz und Pflaumenmus schmeckendes Aroma. Seine Konsistenz ist weich und gummiartig.

Was tun mit schwarzem Knoblauch? In einer hellen Marmelade schmeckt er wunderbar, ich konnte diese schon verkosten. Zu Käse oder einer Panna Cotta sehr gut möglich. Mein Geschmackssinn kann sich den schwarzen Knoblauch auch, umhüllt von einer Zartbitterganache, als Praline vorstellen. Ich schmecke es schon. Mal sehen, ob das verwirklicht werden kann.

Die Knoblauch-Gewürzmischungen der Familie Gano vom Landhof Gano sind aus meinem Repertoire nicht mehr wegzudenken.

Aus meinem Sortiment

Schwarzer Knoblauch

Dips und Marinaden

mit Lausitzer Knoblauch

Fertige Gewürzmischungen sind eigentlich nicht mein Ding.
Rosmarin, Thymian, Lorbeer, Basilikum, Petersilie, Salbei…, das habe ich ganzjährig frisch oder selbst getrocknet zur Verfügung. Nun weiß ich aus meinen Kochevents, dass sich nur wenige damit auskennen. Da liegt es doch nahe, mit fertigen Gewürzmischungen zu arbeiten. Das ist völlig in Ordnung, wenn die Qualität stimmt. Die stimmt für mich beim Landhof Gano mit ihren Gewürzmischungen und darum hier einige Rezepte.

Schneller Quarkdip mit grüner Gurke

200 g Quark (20%), 2 EL grob geraspelte Gurke, 1 Teelöffel Kräuter-Knoblauch-Dip-Mischung verrühren und 10 Minuten ziehen lassen. Danach abschmecken mit Salz und Pfeffer.
Alternativ könnt ihr auch Schmand, Crème fraîche oder Frischkäse verwenden. Gebt etwas Fetakäse dazu, das macht es mediterraner.
Mit frischen Radieschen kombiniert passt das perfekt auf eine Scheibe Brot.

Kräuterbutter

Ihr benötigt dazu 200 g weiche Butter, 1 TL Kräuter-Gewürzmischung, 1/2 Teelöffel abgeriebene Zitronenschale und einen Spritzer Zitronensaft. Alles vermengen, auf Frischhaltefolie geben, zu einer Rolle formen und wie ein Bonbon einpacken und kühlen.
Macht gleich mehr und gebt es in den Frost. Ich schneide mir dann dünne Scheiben runter und verwende diese dann für Gemüse, Pasta, Fleisch, Fisch und habe so schnell einen feinen Kräuter-Buttergeschmack im Essen.

Mediterraner Hüttenkäsedip

200 g Hüttenkäse in eine Schüssel geben, dazu 3 getrocknete Tomaten (kleingeschnitten), 3 schwarze Oliven und frischen Basilikum. Jetzt noch 1 TL mediterranes Kräutergewürz und 10 Minuten ziehen lassen. Dieser eiweißreiche Dip passt aufs Brot, zu Salat, zum Grillfleisch…

Grillmarinade

Einfach nur Öl, einen Spritzer Zitronensaft und das Gewürz zusammengeben und damit das Fleisch oder den Fisch marinieren.

Salatdressing

Dafür 3 EL Essig, 9 EL kaltgepresstes Öl, 1 TL Kräuter-Knoblauchgewürz, 1/2 TL Senf verrühren, dazu noch frische Kräuter. Dieses Dressing solltet ihr bitte sparsam verwenden.

Antjes Broiler aus dem Backofen

Gastrezept von Antje Gano

Wer kennt noch den Duft der Broilerstuben aus den 80er Jahren? Heute sagt man Grillhähnchen, häufig gibt es dafür Grillwagen vor allerlei Märkten. Ab und an kann ich nicht widerstehen und dann gibt`s Broiler satt.
Mit dem Geflügelgewürz von „Lausitzer Knoblauch" gelingt es auch ganz leicht und mit frischen Kräutern wird es ein Kochvergnügen.

Den Broiler waschen und trocken tupfen. Das Gewürz mit dem Öl verrühren. Damit innen und außen das Huhn einreiben. Einen Rosmarinzweig in den Bauch geben. Das Huhn in eine flache Schale setzen und den restlichen Rosmarin unterschieben. Jetzt geht's in den Ofen bei 200 Grad Umluft bis es knusprig braun ist. Das kann nach 30 Minuten aber auch nach 50 Minuten sein. Jetzt den Ofen auf 100 Grad zurückstellen und das Huhn solange im Ofen lassen, bis es gar ist. Wie ihr das erkennt? Zieht vorsichtig an der Keule, wenn die sich löst und sich kein roter Fleischsaft am Gelenk zeigt, ist der Broiler fertig. Beginnt die Haut einzureißen, ist auch das ein Zeichen.
Das war es schon. Wunderbar vorzubereiten und so ganz nebenher gemacht.

Gefüllte Hähnchenbrust

mit Fetakäse und sonnengetrockneten Tomaten

Das hat Antje Gano für uns gebraten und ich wusste sofort, das Rezept muss in mein Kochbuch.

- 4 Hähnchenbrüste
- 4 Getrocknete Tomaten
- 1-2 EL Geflügelgewürz
- 2-3 Zweige Rosmarin
- 100 g Frischkäse
- 100 g Fetakäse
- Öl zum Braten

Den Fetakäse und die Tomaten klein schneiden und mit Frischkäse und 1 EL Geflügelgewürz vermengen. In die Hähnchenbrüste eine Tasche schneiden und mit der Käsemasse füllen. Mit Zahnstochern oder der guten alten Rouladennadel die Tasche schließen. Mit dem restlichen Gewürz die Hähnchenbrüste von außen würzen. In der Pfanne das Öl erhitzen, Rosmarinzweige dazugeben und die Hähnchenbrüste von beiden Seiten scharf anbraten. Im Backofen bei 80 Grad kurz ruhen lassen.

Dessert

- Meine Leidenschaft -

Ich bin eine Süße

Desserts sind süß, das ist klar. Aber warum bin ich dann eine Süße? Die Zeiten, zu denen ich süß aussah, sind unendlich lange her, an sie kann ich mich nicht erinnern. Erinnern kann ich mich nur an ein dickes, kleines Mädchen mit braunen Kulleraugen. Wer mich kennt, lacht jetzt bitte nicht: Ich war ein sehr schüchternes, zurückhaltendes Kind, das immer das Gefühl hatte, nicht gut genug zu sein. Meine kleine Schwester Carmen, die war wirklich süß, ein unbeschwertes Sonnenscheinkind mit blonden Locken. Ihr gelang alles spielerisch und leicht – und mir nichts, so jedenfalls habe ich es damals gefühlt. Den Frust habe ich weggefuttert und alles, was es zu essen gab, vor allem Süßes, hatte keine Chance zu überleben. Das ging so bis zur 4. Klasse, da hat meine Klassenlehrerin erkannt, was los war, und bei mir eine innere Bremse gelöst. Jetzt ging es bergauf mit dem Selbstwertgefühl und dann lief es auch bei mir gut.

Nur eins hat sich nicht geändert: Beim Essen, vor allem bei Süßem, da habe ich leider keine Bremse und alle sonstige Zielstrebigkeit hilft nicht dauerhaft. So bin ich ein Leben lang übergewichtig geblieben, mal mehr und mal weniger. Seitdem ich über 50 bin, weiß ich: Man kann nicht alles erkämpfen, besser ist es, das vorhandene Positive aus der momentanen Lebenssituation zu ziehen. Dieses Buch zum Beispiel wäre ohne Corona nie und nimmer entstanden.

Jetzt aber wirklich zum süßen Essen. Meine süßen Kindheitserinnerungen sind: eingewecktes Kompott von allem, was der Garten hergab, Plinsen, Pudding und Holunderbeersuppe mit Brotwürfeln in Butter gebraten. Bis heute mag ich Plinsen und Holunderbeersuppe immer noch sehr. Plinsen machen – das war das erste, was mein Sohn Toni von mir gelernt hat. Das Kompott wurde mittlerweile von der Fruchtgrütze abgelöst, eingeweckt wird nur noch Apfelmus. Eine richtige Familienleidenschaft ist das Eis: Bei Fruchteis und Sorbets kann ich nicht widerstehen.

Früchte, die sind bunt und süß und das Leben wünschen wir uns auch so. Klappt's mal nicht, was ja normal ist, machen wir es uns einfach mit ein bisschen Honig süß.

Fruchtgrütze **aus allem, was die Saison hergibt**

Rote Beerengrütze steht in jedem Kühlregal und ist sehr beliebt zu Eis, Quark, Joghurt, Waffeln... Die eigene Herstellung ist aber so kinderleicht. Was toll ist, zu einem klaren Grundrezept gibt es unheimlich viele Varianten über das ganze Jahr.

Grundrezept - rote Beerengrütze

500 ml roter Fruchtsaft
500 g Beerenfrüchte TK
1 Pk. Vanillepuddingpulver
etwas zum Süßen

Den Saft in einem größeren Topf aufkochen. Das Puddingpulver in 100 ml Wasser anrühren und zum Saft geben. 2 Minuten kochen lassen.
Runter vom Herd und sofort die gefrosteten Früchte vorsichtig unterheben. In wenigen Minuten sind die Früchte aufgetaut und jetzt nur noch nach Geschmack süßen. Ist die Grütze zu dick, gebt etwas Saft oder Wasser zu.
Für weitere Variationen nehmt 500 ml Flüssigkeit, 500 g gefrostete Früchte und ein Paket Puddingpulver und arbeitet nach dem Rezept.

Variationen aus gefrostetem Obst

- Pflaumen/ Rotwein/ Honig
- Kirschen/ roter Saft/ Chili
- Himbeeren/ Saft/ Honig
- Erdbeeren/ Saft/ Minze
- Mango/Weißwein/Zucker
- Aprikosen/ heller Saft/ Basilikum

Variationen aus frischem Obst

Das gleiche Grundprinzip - Saft mit Puddingpulver kochen, abkühlen lassen und Obst unterheben. Dosenobst und frisches Obst könnt ihr ebenso kombinieren.

Meine Wintervariation

Apfelgrütze mit getrockneten Aprikosen und Zimtnote:
Dazu koche ich im Apfelsaft mit Zimtstange die Apfelwürfel bissfest und gebe die kleingeschnittenen, getrockneten Aprikosen zu. Binde es mit Puddingpulver wie im Grundrezept, Zucker braucht es keinen. Eine Vanillesahne oder Vanilleeis und frische Granatapfelkerne obenauf machen es festtagstauglich.

Leichte Panna Cotta mit Tonkabohne

Ich liebe die mediterrane Küche und Panna Cotta. Das gemeinsame Kochen findet in meiner Eventküche aber meist abends statt. Da ist eine Creme zu 100 % aus Schlagsahne naja, sagen wir mal, einfach zu fett. Darum von mir die etwas reduzierte Variante.

400 ml	Schlagsahne
	Zucker oder Honig nach Bedarf
200 g	Vollmilchjoghurt
125 g	Himbeeren TK
1 Pk	Pulvergelatine
1/2	Tonkabohne

Die Gelatine in 200 ml Schlagsahne 10 Minuten quellen lassen. Mit kleiner Hitze auflösen, sie darf nicht zu heiß werden, sonst verliert die Gelatine ihre Bindungskraft. Restliche Sahne und Joghurt verrühren, Tonkabohne fein reiben und zugeben.
Jetzt zuerst in die aufgelöste Gelatine ein paar Löffel der Joghurt-Sahne-Mischung geben. Das nennt man vortemperieren. Gebt ihr die aufgelöste Gelatine in die kalte Mischung, kann es passieren, dass Klümpchen entstehen und die Creme nicht fest wird. Nach dem vortemperieren kann man alles einrühren. Noch zuckern nach Bedarf, evtl. auch mit Agavensirup o.ä.

Gebt 2-3 gefrostete Himbeeren in ca. 200 ml fassende Gläser und füllt die Panna Cotta ein.
Die Früchte sind wie ein kleiner Kühlschrank und fruchtiger wird das Dessert auch. Die restlichen Himbeeren kommen obendrauf, wenn die Creme fest ist. Mindestens 2 Stunden kühlen.

TIPP

Keine Tonkabohne bekommen? Dann geht klassisch auch die Vanille. Ein bisschen Schokoladensauce dazu, macht das Dessert zum absoluten Liebling.
Die Creme hält mindestens 2 Tage im Kühlschrank und ist gut vorzubereiten.
Nutzt es auch als Tortenfülle auf Bisquit oder Rührteigboden.

Schnelle Schokoladensauce

für Dessert, Windbeutel, Eisbecher und ...

Ihr wollt Schokoladensauce?
Dann hier meine sogenannte schnellste Schokoladensauce der Welt. Keine Erfindung von mir, aber in meinen Workshops unendlich häufig gezeigt und immer wieder wurde sie bis auf den letzten Löffel weggeputzt.

Die Zartbitterschokolade grob brechen. Kaffeesahne aufkochen, den Topf von der Herdplatte ziehen. Die Schokolade auf einmal zur Sahne geben und mit einem Schneebesen glatt rühren. Nach 20 Sekunden habt ihr eine Sauce, die eventuell noch etwas Zucker, Minzsirup oder einen Schluck Whisky, Rum oder Eierlikör verträgt. Bleibt etwas übrig, ab ins Schraubglas und in den Kühlschrank. Hält locker 1-2 Wochen.

TIPP

Ihr mögt keine Zartbitterschokolade?
Nehmt Milchschokolade und verringert die Kaffeesahne auf ca. 100 ml.
Keine Angst vor Kalorien?
Dann nehmt Schlagsahne statt Kaffeesahne.
Die Sauce ist zu dick?
Einfach noch einen Schluck Sahne zugeben.
Oder zu dünn?
Nochmal sanft aufwärmen und nun gehobelte Schokolade zugeben.
Resteverwertung?
Ihr könnt alle liegengebliebene Schokolade und Pralinen verarbeiten - auch grau gewordene. Da ist nur die Kakaobutter ausgetreten.

Einmal kochen & zweimal essen

Die Creme schmeckt auch kalt als Brotaufstrich, dann etwas weniger Kaffeesahne nehmen. Im Wasserbad sanft erhitzt, nehme ich sie als Sauce auf Eis oder Pudding.

Gebt ihr gehackte oder gemahlene Nüsse darunter, wird eine Schoko-Nuss-Creme draus. Genauso gut passen auch getrocknete, kleingeschnittene Früchte rein.

Für ein Schokofondue ist obiges Rezept auch geeignet. Dann soviel Sahne zugießen, dass die Konsistenz stimmt. Wichtig ist, die Sauce während des Fondue nicht zu heiß halten.

Für einen Geleekuchen nehme ich die Creme kalt als Schokoladenfülle zwischen zwei dünne Bisquitböden. Dann obenauf etwas süße Frischkäsecreme, gefrostete Himbeeren und roter Tortenguss. Fertig ist ein feiner, fruchtiger Kuchen.

Irinas Buttermilchplinsen

nach einem DDR-Kochbuch von 1952

250 g	Mehl
0,5 l	Buttermilch
2	Eier
1 Prise	Salz
	Rapsöl
	Zucker und Zimt
	Apfel oder Birnenmus

Buttermilch, Eier, Salz, Mehl mit Schneebesen zu einem glatten Teig verrühren, 10-15 Minuten ruhen lassen. In einer mittleren Pfanne ganz wenig Öl erhitzen und eine Kelle Teig hineingeben. Den Plinsen goldgelb braten, dabei mit einem breiten Pfannenheber wenden. Das solange machen bis der Teig aufgebraucht ist.

Klassisch dazu Zimt mit Zucker und Apfelmus reichen. Probiert es mit Bananen und der Schokoladensauce von Seite 114.

Plins mit Einlage: Den Teig in die Pfanne geben und je nach Jahreszeit mit Apfelscheiben, Heidelbeeren, Kirschen belegen, braten, wenden und fertig braten.

TIPP

Einen halben Teelöffel Backpulver zum Teig geben und sie werden luftiger.

Einmal kochen & zweimal essen

Zum Beispiel als **herzhafte Eierkuchen:** Gleich die doppelte Menge Teig fertigen. Da er ohne Zucker ist, ist er auch perfekt für herzhafte Eierkuchen geeignet. Füllt ihn mit allem, was euch einfällt oder mit Tomatenscheiben, Spargelstückchen, Champignons o.ä. belegen und braten. Das überbacke ich gerne mit Käse und fertig ist ein schnelles Abendbrot. Der Teig hält sich mindestens 2-3 Tage im Kühlschrank.

Liwanzen eine Spezialität vom Böhmischen Nachbarn

Gastrezept von Familie Heinke

Hefe, ein wenig Zucker, etwas lauwarme Milch und etwas Mehl verrühren und gehen lassen. Danach Ei, restlichen Zucker, restliche lauwarme Milch und das Mehl langsam im Wechsel gut miteinander verrühren.
Mit einem Tuch bedecken und ca. noch 1/2 Stunde gehen lassen.
Eine sog. Augenpfanne (Pfanne mit mehreren kleinen Vertiefungen) mit Raps- oder Senföl oder dem Fett ausstreichen. Die kleinen Mulden mit dem Teig füllen und die Liwanzen auf beiden Seiten knusprig goldbraun ausbacken.
Zu den fertigen Liwanzen süße Früchte, Marmelade, frische Beeren oder rote Grütze servieren, jeweils mit etwas frisch geschlagener Sahne oben drauf.

Ihr habt keine passende Pfanne? Ich nehme eine normale Pfanne und stelle kleine Edelstahlringe rein.

Das Rezept für die Liwanzen stammt aus der Zeit von Helene Heinke, der Frau von Oswald Heinke, Gründer von Heinke & Sohn Hammermühle Bautzen, so um 1888. Seinerzeit kamen unter der Woche einfache aber wohlschmeckende Gerichte auf den Tisch, so auch die Liwanzen. Die Zutaten waren größtenteils in der Mühle vorhanden. Was nicht da war, wurde eingetauscht. Besonders beliebt waren und sind die Liwanzen bei Kindern, so dass auch heute noch die Urenkelin Helenes, mittlerweile selbst Oma, die leckeren Pfannküchlein in der Hammermühle backt. (von Denise Hierl)

Carola backt

Ich trau mich!

Carola kocht – das ist bekannt. Carola backt – das klingt weit weniger vertraut. Tatsächlich habe ich, wie viele andere Köche auch, nicht so das Händchen fürs Backen. Meine Erklärung dafür lautet: Köche haben Grundrezepturen im Kopf. Die werden variiert, was das Zeug hält, ganz nach Lust und Laune. Das macht auch für mich den Reiz des Kochens aus. Der Grundstock ist da und dann ab in Topf oder Pfanne und mal schauen, was daraus wird. Selten braucht es dazu eine Waage. Die ist aber beim Backen unerlässlich, sonst wird das nix mit dem Teig. Das musste ich schon oft leidvoll erfahren. Trotz alledem gibt es natürlich ein paar Sachen, die ich wirklich gerne und mit Begeisterung backe. So backe ich ausgesprochen gern Brot, dann alles mit Hefeteig und seit neuestem auch Windbeutel.

Am Anfang meiner Kochlehre (wir schreiben das Jahr 1978!) war ich zwei Wochen im Dresdner Café Toscana am Schillerplatz – schon damals eine Institution in Sachen Patisserie, feine Kuchen und Gebäcke. Dort durfte ich mitarbeiten und habe viel gelernt, was bis heute Bestand hat. Gerade mein Handwerkszeug für Teige habe ich dort bekommen. Von Blätterteig bis Brandteig war alles dabei.

Wie die Windbeutel in die Kleene Schänke kamen

Schon einige Zeit hatte ich nach einer Idee gesucht, das nebenher laufende kleine Café-Geschäft in unserer Kleenen Schänke in Cunewalde noch attraktiver zu machen. Wir haben ja in Cunewalde das Glück, noch zwei gute Dorfbäcker zu haben. Wo war da eine Lücke für mich? Ich wollte etwas Besonderes, wusste nur nicht was. Der Zufall hat es gerichtet. „Meine“ Anja, die Frau meines Sohnes Toni, hatte Geburtstag. Genau in der schärfsten Coronazeit, die mit Lockdown. Feiern mit Freunden fiel in dieser Zeit aus. Nach Erfurt, in ihre Heimat, konnte sie auch nicht. Aber eine Feier in Cunewalde im ganz kleinen Familienkreis war möglich. Auf meine Frage, was sie sich wünsche, bekam ich die Antwort: „Du hast da mal vor langer Zeit Spritzringe gemacht, die waren sooo lecker.“

Gut, machen wir Brandteig und daraus Spritzringe. Wenn wir einmal dabei sind, gleich noch Windbeutel dazu, diese kleinen, spitzen Häuflein. Meine Schwiegertöchter Anja, Diana und ich zauberten gemeinsam ein großes Bretter voller Spritzringe und Windbeutel. Eigentlich viel zu viele, auf wundersame Weise verschwanden sie dank der Mithilfe unserer Männer am Kaffeetisch. Wir hatten sehr viel Spaß und Glück beim Backen – und Essen.

Das war für mich die Wiederentdeckung des Windbeutels und dann dauerte es gar nicht lange, bis mir ein Licht aufging: Du bietest im Café Windbeutel mit Wunschfüllung an. Sozusagen à la carte. Gedacht, getan – und so kam der Windbeutel in die Kleene Schänke. Windbeutel mit Eis, Sahne, Früchten, Schokoladensauce, Eierlikör. Ganz wie es den Gästen beliebt.

Rezept für meine Windbeutel

Den Teig stelle ich aus bestem Dinkelweißmehl von Löhnerts her und mit Eiern vom Bauern – aber das konntet ihr euch bestimmt schon denken.

Wasser, Butter, Salz, Zucker in einem Topf zum Kochen bringen.
Mehl auf einmal zugeben und am besten schnell mit einem Holzlöffel verrühren. Dabei entsteht ein Kloß, den wir noch 2-3 Minuten im Topf bewegen, bis sich eine weiße Haut auf dem Topfboden bildet. Das nennt man: den Teig abbrennen.
Den Kloß in eine zweite Schüssel geben. Leicht abkühlen lassen und dann das erste Ei zugeben. So lange mit dem Holzlöffel rühren, bis das Ei vom Teig gefressen wurde.
Wer das zu mühevoll findet, der nimmt den Teigkneter von der Küchenmaschine. Ganz wichtig: immer ein Ei nach dem anderen zugeben. Der Teig ist gut, wenn er Spitzen am Löffel zieht. Manchmal braucht es ein fünftes Ei. Der Teelöffel Backpulver ist unsere Geling-Garantie, damit die Windbeutel schön groß werden. Eigentlich reichen die Eier als Triebmittel.
Dann mit einem Spritzbeutel auf das Backpapier 12 Ringe setzen, wie auf der Abbildung. Sollen die Windbeutel schön hoch werden, zweimal übereinander und in der Mitte nach oben ziehen. Ab damit in den vorgeheizten Ofen, bei 210 Grad Umluft für mindestens 18-22 Minuten. Danach den Ofen ausschalten und nach 10 Minuten ganz langsam öffnen.

Backofen-Temperaturen

Meine Erfahrung: Jeder Backofen tickt anders. Temperatur ist nicht gleich Temperatur. Darum sind die angegebenen Zeiten nur eine Orientierung. Es braucht ein bisschen Fingerspitzengefühl und vor allem Erfahrung im Umgang mit dem eigenen Ofen. Diese kommt nur durch Probieren. Also: Wenn es mal daneben geht, nicht entmutigen lassen. Nicht persönlich nehmen – im Zweifelsfalle ist ja der Backofen schuld.

Was kann man noch alles mit Brandteig machen?

Miniwindbeutel – *im Französischen genannt Profiteroles*

Dazu einfach mit dem Teelöffel kleine Häufchen aufs Backpapier setzen. Backen wie oben, nur kürzer. Wir füllen die Minis mit Sahne oder Cremes aller Art.

Eclair – *der Klassiker mit Puddingfüllung und Schokoladenglasur*

Den Teig einfach nur länglich spritzen und am Ende eine kleine Rosette setzen. Backen wie oben, ca. 15 Minuten. Einen dicken Pudding kochen, unter den zimmerwarmen Pudding zimmerwarme Butter mit dem Schneebesen schlagen. Noch etwas abkühlen lassen und dann das Backwerk der Länge nach aufschneiden und füllen. Den Deckel vorher mit Kuvertüre bestreichen.

Einmal backen & zweimal essen

Ihr kennt ja schon mein Prinzip: einmal kochen - zweimal essen. Beim Backen funktioniert das genauso. Windbeutel und Eclairs sind dafür hervorragend geeignet. Erstens können wir sie ohne Füllung perfekt einfrieren und dann kurz vor dem Füllen aufbacken – also gleich ein paar mehr backen.
Zweitens kann man sie auch hervorragend herzhaft füllen. Den Möglichkeiten sind da keine Grenzen gesetzt. Klassisch mit Käse oder Geflügelsalat, modern mit Linsen- oder Kichererbsen- Tomatensalat oder mit einer der unzähligen Aufstrich-Varianten, die sich häufig auch gut zum Füllen eignen. Der Aufstrich sollte aber nicht zu fettig sein. Als Vorspeise, Abendbrot, zusammen mit einem Salat, für Gäste und vieles mehr. Ein Klassiker, der es verdient hat, wieder in Mode zu kommen. Der Brandteig ist aber nicht nur für Windbeutel geeignet. Wer kennt zum Beispiel nicht die Eberswalder Spritzringe – mit verführerischer Zuckerglasur.

Ein Bett im Kornfeld …

Der alte Song fiel mir ein, als ich im Juli 2020 das erste Mal in einem wunderschönen Feld mit schwarzem Emmer stand:

Ein Bett im Kornfeld …

Leicht und mit graziler Eleganz bewegten sich die schwarzen Ähren des Urkorns. Für mich fühlte es sich an, wie auf einer Wiese zu stehen. Schmetterlinge schwirrten um uns herum und ich verstand total, warum Heike Löhnert mich unbedingt für ein Foto in dieses Feld haben wollte – es war so schön und ging genau ins Herz. Bei genauer Betrachtung der dunklen Ähren fielen mir die sehr hohen dünnen Getreidestängel und die kleinen Körner in nur zwei Rispenreihen auf. Als Bauernkind weiß ich: Dies ist genau das Gegenteil von effektivem, gewinnbringendem Getreideanbau.

Warum in aller Welt tun Löhnerts – und einige andere Bauern – so etwas, Anbau betreiben, der auf den ersten Blick nicht lohnen kann? Der Bildhauer Auguste Rodin sagte: „Lebe deine Aufgabe mit Leidenschaft, sie ist der Sinn deines Lebens." Die Familie Löhnert ist eine Bauernfamilie seit mindestens dem 17. Jahrhundert, darauf weist schon der Name Löhnert hin, was früher Lehnbauer hieß. Johann Löhnert, geboren 1735, war der erste Besitzer der Hofstelle Nr. 1 in Zockau, wo die Familie noch heute lebt - mittlerweile in 7. Generation, mit mehreren Generationen unter einem Dach.

Seit langem haben sich die Löhnerts dem Anbau von alten Getreidesorten mit Herz und Seele verschrieben. Es tut so gut, das mitzuerleben – bitte mehr davon. Sie haben meinen absoluten Respekt dafür und ich wünsche ihnen ganz viel Ausdauer, Kraft und das kleine Quäntchen Glück, das man braucht, um erfolgreich und glücklich zu sein. Als meine Aufgabe sehe ich es, genau solche Produzenten zu unterstützen. Sie und ihre Philosophie bekannt zu machen, mit ihren Produkten zu kochen und zu backen. Leckere, einfache Gerichte auf den Tisch meiner Gäste zu bringen und sie dafür zu begeistern.

Kornfeldbegehung mit Heike Löhnert

Kommen wir nochmal zum **Emmer**. Er ist eine der ältesten kultivierten Getreidearten, der Ursprung liegt im Nahen Osten, wo er seit mindestens 10 000 Jahren (kein Schreibfehler) angebaut wird. Zur Römerzeit war er bekannt als Weizen von Rom. In der Neuzeit verlor er seine Bedeutung (aus Wikipedia). Im späten 20. Jahrhundert entdeckte man seine Vorzüge wieder und die Anbaufläche wächst, auch in unseren Breiten. Das ist umso beachtlicher, weil der Ertrag bei mindestens 60 Prozent weniger als bei modernem Weichweizen liegt. Dies ist vielleicht auch der Grund, warum vorwiegend Biobauern Emmer anbauen.

Mich begeistert vor allem der nussige, herzhafte Geschmack des Vollkornmehls. Das Brot bekommt eine natürliche braune Farbe. Für mich altes Mädel sind der hohe Eiweißgehalt des Emmers und der reichliche Anteil an Magnesium und Zink perfekt.

Mein zweites Lieblingskorn ist der **Champagner-Roggen**. Klingt doch schon mal edel, oder? Gut, er hat nichts mit dem erlesenen Getränk zu tun, wurde aber in der Champagne im 17. Jahrhundert gezüchtet, daher der Name. Die Optik des Roggens ist dem, was ich früher als Getreide kannte, sehr nahe. Nur die Getreidehalme sind sehr hoch und da liegt der sprichwörtliche Hase im Pfeffer – die Züchtung des Korns ging generell auf sehr kurze Halme. Warum? Lange dünne Halme knicken bei starkem Wind, Sturm und Regen viel schneller um. Liegen sie darnieder, ist die Ernte futsch, das Getreide nicht mehr verwertbar. Früher wurde immerhin, auch bei uns zu Hause, der Kuhstall fast täglich mit Stroh ausgestreut. In der heutigen Großtierhaltung haben die getrockneten Getreidestängel aber wohl fast keine Bedeutung mehr.

Was finde ich also so gut am Champagner-Roggen? Das Getreide hat ein elegantes Aroma und eine tolle Farbe. Beim Brotbacken ist es gut triebig, das Brot gerät sehr locker, manchmal fast zu bröselig. Darum ist die richtige Mischung mit einem anderen, feineren Mehl sehr wichtig. Und seit alters her stellt man aus Getreide einen Kornbrand her – mit dem Champagnerroggen ein besonders edles Gesöff. Bei Martin Wagner aus der Sächsischen Spirituosenmanufaktur sogar fassgelagert, könnt ihr mal probieren.

Dann haben wir noch den bereits etablierten **Dinkel** und den guten alten **Hafer**, der gerade eine Renaissance erlebt und verdienterweise wieder verstärkt in unserer Küche Einzug hält. „Den sticht der Hafer", dieses Sprichwort kennen wohl viele. Ich musste ihn mir in meinem Leben häufig anhören, auch als ich von meiner Idee erzählte, ein Kochbuch zu schreiben. Also: Ist jemand besonders lebhaft und übermütig, dann sagen viele gerne „Den sticht der Hafer". Mit Hafer werden Pferde und Ponys gefüttert, bekommen sie zu viel davon, werden sie übermütig. Ich muss mal meine drei großen Brüder fragen, ob ich mit Hafer gefüttert wurde.

Haben wir Brot …

Als wir die Wohnung der Schwiegereltern auflösten, fiel mir ein alter Holzteller in die Hände, den ich nicht wegwerfen konnte. Diesen Teller ziert am Rande umlaufend ein Spruch: „*Haben wir Brot, hat es keine Not.*" Ein Spruch, der irgendwie nicht mehr in unsere Wohlstandszeit passen will. Aber tief in uns drin wissen wir wahrscheinlich doch noch um die Bedeutung des seit langem jederzeit verfügbaren Brotes.

Als zu Beginn der Corona-Zeit auf einmal die Hefe knapp wurde, habe ich mich gewundert, denn Hefeteig ist nun wirklich nicht der Liebling fürs Kuchenbacken. Haben die Leute die Hefe vielleicht fürs Brotbacken gebraucht? Gut wäre es.

Auf alle Fälle waren meine Brotback-Kurse von Anfang an ein Renner und sie haben sich zu Dauerbrennern entwickelt. Nun bin ich Koch und kein Bäcker. Maße mir nicht an, dem Bäcker den Rang abzulaufen, und ich bin felsenfest davon überzeugt: Ein gutes Sauerteigbrot braucht die Handwerkskunst.

Was ich erreichen möchte in meinen Brotbackkursen? Zeigen, was Brot für ein Genuss ist, wie man mit gutem Mehl und ein bisschen Geschick gutes Brot und leckere Brötchen backt. Dazu kommt natürlich der wunderbare Duft von frisch gebackenem Brot, der durch die ganze Wohnung zieht und sofort ein wohliges Gefühl hervorruft. Und ich wünsche mir, dass den Bäckern mehr Wertschätzung entgegen gebracht wird. Wer selbst Brot gebacken hat, dem fällt das sichtlich leichter.

Meine Brot-Rezepte habe ich über die Jahre gesammelt, sie wurden von mir gebacken und abgewandelt. Das Backergebnis hängt übrigens häufig vom eigenen Backofen ab, der funktioniert selten gradgenau. Das heißt für uns: nicht stur in die Backanleitung schauen, immer Stäbchen- und Klopftest machen. Bleibt beim Stechen nichts mehr am Holzstäbchen hängen und klingt das Brot beim Beklopfen auf der Unterseite hohl, ist es durchgebacken.

Viel Spaß beim Backen!

Flammkuchen

Nur im Herbst?

Der Flammkuchen, ursprünglich aus dem Elsass bekannt, hat mittlerweile überall eine große Fangemeinde.Ich bin auch einer und nicht nur im Herbst gehört er zum Muss in meiner Eventküche. Ein Holzbrett, darauf ein Flammkuchen, dünn, knusprig mit sparsamem Belag, aber mit guten Zutaten. Dazu ein Glas Weißwein, perfekte Szenerie. Das Ganze, im Weinberg sitzend, wie bei meinen liebem Bekannten Müller - am Schloss Albrechtsberg in Dresden, gleicht einem Kurzurlaub.
Zu Hause einen perfekten Flammkuchen zu machen, ist nicht wirklich möglich, weil dafür der Backofen auf 350 Grad und mehr heizen muss. Aber einen guten Flammkuchen bekommen wir hin, wenn ihr folgende Tipps beachtet.
Flammkuchenteig ist einfach zu machen, er braucht nur einige Zeit zum Ruhen.

Alle drei Zutaten mit den Knethaken ca. 5 Minuten zu einem glatten Teig verkneten. Mehl ist nicht immer gleich. Darum kann es sein, dass noch etwas Wasser oder Mehl zugegeben werden muss. Der Teig soll glatt sein und wird in Frischhaltefolie zu einer Kugel gerollt. Diese für 1 Stunde kühl ruhen lassen. Den Teig anschließend in 6 Teile schneiden. Jedes Teil nochmals durchkneten und zu einer Kugel formen. Die glatte Oberfläche nach oben auf ein bemehltes Brett legen. Eine Schüssel verkehrt herum drauf stellen und wiederum für 30 Minuten ruhen lassen.
Danach Kugel für Kugel sehr dünn ausrollen. Eine Schicht Backpapier drauf und den nächsten ausrollen. Alle übereinander stapeln. Mit dem Backpapier dazwischen kann es nicht kleben. Jetzt nach und nach verarbeiten.

Wenn es schneller gehen soll, ist ein fertiger Teig aus dem Kühlregal auch eine Option.

Belag

Bestrichen wird der Flammkuchen mit Schmand, Crème fraîche, evtl. auch mit Frischkäse. Hier unbedingt 1 cm Rand lassen und dünn bestreichen.
Verschiedenste Beläge sind möglich, dass Wichtige dabei, nur sehr sparsam belegen, Lücken lassen. Sonst wird es eine belegte Pizza und der Boden hat keine Chance, knusprig zu werden.
Das Backen, die Kernfrage. Also auf höchste Stufe vorheizen, mein Ofen kann 230 Grad Umluft mit Unterhitze, das geht ganz gut. Den Ofen nur so kurz wie möglich öffnen, Blech auf die unterste Schiene schieben. Wer sich traut, heizt das Backblech mit vor und zieht den auf Backpapier liegenden Flammkuchen darauf.
Wie lange backen? Das seht ihr an der Farbe des Teigs. Wenn der Teigrand anfängt zu braun zu werden, ist er fertig. Unbedingt dabeibleiben.

Wieder ein Spruch: „Nur Mut, dem Mutigen gehört die Welt!"

Flammkuchen-Kreationen

Flammkuchen Klassik

Flammkuchen dünn mit Crème fraîche bestreichen, dabei einen Rand von ca. 1 cm lassen und mit Katenschinkenwürfeln, rote Zwiebelwürfeln, Salz und Pfeffer bestreuen.

Flammkuchen mit Pilzen

Flammkuchen dünn mit Crème fraîche bestreichen, dabei einen Rand von ca. 1 cm lassen und mit Champignonscheiben, Katenschinkenwürfeln, rote Zwiebelwürfeln, Salz und Pfeffer belegen und würzen.

Flammkuchen mit Kirschtomaten, eingelegte, getrocknete Tomaten und Mozzarella

Flammkuchen dünn mit Crème fraîche bestreichen, dabei einen Rand von ca. 1 cm lassen. Kirschtomaten halbieren, Tomaten und Mozzarella in Würfel schneiden. Ebenso rote Zwiebeln würfeln, mit Salz und Pfeffer würzen. Dann geschnittenen Rucola obenauf .

Flammkuchen mit Birnen, Walnüssen, Ziegenkäse oder Serranoschinken

Flammkuchen dünn mit Crème fraîche bestreichen, dabei einen Rand von ca.1 cm lassen. Darauf Birnenspalten, gehackte Walnüsse, Ziegenkäse geben. Nach dem Backen salzen, pfeffern und mit Serranoschinken belegen. Ich mag dazu Feldsalat mit Himbeerdressing.

Flammkuchen mit frischer Aprikose oder Pfirsich und Camembert

Flammkuchen dünn mit Crème fraîche bestreichen, dabei einen Rand von ca. 1 cm lassen. Aprikosenspalten und Camembert darauf, dazu Kürbis oder Sonnenblumenkerne geben. Ich nehme noch frischen Thymian und reble den vor dem Backen auf den Käse.

Flammkuchen mit Porree und Schinken

Flammkuchen mit Schmand bestreichen, wieder einen Rand lassen. Porree ganz dünn geschnitten auflegen, dazu gekochter Schinken in Streifen. Nach dem Backen Pfeffer aus der Mühle drauf.

Flammkuchen mit Hokkaidokürbis und Zucchini

Flammkuchen mit Schmand bestreichen, 1cm Rand lassen. Hokkaidokürbis und Zucchini dünn hobeln, sparsam drauflegen, vielleicht auch gekochten Schinken in Streifen. Nach dem Backen frischen Pfeffer aus der Mühle und Salz darauf. Geröstete Kürbiskerne machen es noch vollwertiger.

Flammkuchen süß mit Erdbeeren und Basilikum

Flammkuchen mit Schmand bestreichen, mit Erdbeeren in Scheiben und Mandelblättchen belegen. Nach dem Backen mit einem süßen Balsamico würzen und frisch gehackten Basilikum drüberstreuen. Habt ihr keinen süßen Balsamico, einfach durch Vanillezucker ersetzen. Natürlich geht auch frisches Obst wie Pfirsich, Aprikose und Co.

Flammkuchen mit Gorgonzola und Trauben dazu Haselnüsse oder Walnüsse

Flammkuchen dünn mit Crème fraîche bestreichen, wie immer einen Rand von 1 cm lassen. Darauf nicht zu kräftigen Gorgonzola oder Blauschimmelkäse und Weintrauben sowie grob gehackte Nüsse geben. Nach dem Backen pfeffern und obenauf mit ein paar Feldsalatblätter servieren.

TIPP

Die letzten zwei Flammkuchen-Kreationen können gut das Dessert beim Menü ersetzen.

Oberlausitzer Bierbrot

240 g Emmervollkornmehl
200 g Dinkelmehl 630
100 g Dinkelflocken
12 g Naturkristallsalz
6 g Brotgewürz
7 g Trockenhefe
5 g Zucker
0,4 L Bier handwarm
1 EL Öl
2-3 EL Sonenblumen- oder Kürbiskerne
Mehl für Backform

Brotmischung in die Rührschüssel geben. Bier und Öl zugeben, mit den Knetwedeln des Mixers mindestens 5 Minuten kneten. In die gefettete, mit reichlich Körnern oder Mehl ausgestreute Form füllen, auf die unterste Schiene in den beleuchteten Backofen stellen, solange gehen lassen, bis der Teig fast die Oberkante der Form erreicht hat. Hilfreich ist es, eine Schale mit sehr heißem Wasser auf den Backofenboden zu stellen, diese bleibt auch beim Backen drin und sorgt für eine schöne Kruste. Ist das Brot gut gegangen den Backofen auf 190-200° C Umluft stellen und ca. 45-55 Minuten backen. Stäbchenprobe machen. Klebt nichts an - gleich das Brot aus der Form kippen und nochmals 10 Minuten im abgeschalteten, heißen Ofen lassen.

TIPP

Die Zugabe von einer Handvoll gerösteter Zwiebeln gibt dem Brot eine rustikale Note.
Ich empfehle eine antihaftbeschichtete Kastenform von ca. 25 cm Größe.

Irisches Sodabrot

- 500 ml Buttermilch
- 270 g Dinkelweißmehl
- 270 g Champagnerroggen
- 10 g Naturkristallsalz
- 9 g Natron
- 6 g Brotgewürz
- 1 TL Honig
- 2 EL Raps - oder Sonnenblumenöl
- 2 Eier

Den Ofen vorheizen auf 220 Grad Umluft, auf den Boden eine flache, ofenfeste Schale stellen, dadurch bekommt das Brot eine schöne Kruste.
Die Backmischung in eine Schüssel geben und eine Mehlmulde formen. Alle anderen Zutaten gut verquirlen und in die Mehl-Mulde geben. Mit einem Teigspatel oder Löffel alles von innen nach außen zu einem Teig rühren. Nur kurz und nur solange bis sich alle Zutaten vermengt haben. Der Teig ist recht klebrig und schwer reißend.
Ein Backblech mit Backpapier belegen, mit Mehl bestäuben, den Teig darauf geben, nochmals kräftig mit Mehl bestäuben und mit den Fingern ein nicht perfektes, rundes Brot formen, ca. 4-5 cm hoch.
Mit einem Messer oder dem Teigspatel den Teig oben leicht einschneiden. Linien oder Kreuze, ganz nach Belieben.
Nun für 12 Minuten in den vorgeheizten Ofen, danach auf 170 Grad reduzieren und für ca. 30-40 Minuten weiterbacken.

Den Stäbchentest machen, es darf nichts dran kleben.

TIPP

Das Brot ist sehr sättigend, ein schnelles, perfektes Partybrot und schmeckt auch am nächsten Tag gut, danach wird es getoastet. Oder ihr friert das Brot ein. Ihr könnt auch 2 längliche Brote aus der Masse formen. Dann verkürzt sich die Backzeit um ca. 8 Minuten.

Kräuter - Dinkel - Joghurtbrot

Alle trockenen Zutaten gut vermischen, in eine Schüssel geben und eine Mulde hineindrücken.
Joghurt, Essig und Öl gut verquirlen und in die Mehl-Mulde geben.
Alles kurz mit dem Teigspatel von innen nach außen zu einem Teig rühren. Der Teig ist recht klebrig und schwer reißend, eher wie ein Rührkuchen. Auf ein Backblech mit Backpapier in die Mitte etwas Mehl geben, den Teig halbieren, draufgeben, nochmal kräftig mit Mehl bestäuben und 2 runde flache Brote (ca. 5 cm) formen. Mit einem Messer den Teig oben einschneiden. Linien oder Kreuze, ganz nach Belieben. Obenauf gerne Körner deiner Wahl geben.
Ofen vorheizen auf 220 Grad Umluft, eine ofenfeste Schale mit warmen Wasser reinstellen, dadurch entsteht eine schönere Kruste.
Nun das Brot für 12 Minuten in den vorgeheizten Ofen stellen, danach den geschlossenen Backofen auf 170 Grad reduzieren und für ca. 20 Minuten weiterbacken.
Stäbchentest machen, hängt nichts dran, ist das Brot gut.
Der Klopftest hilft auch. Klingt das Brot unten hohl ist es perfekt gebacken.

In den Teig 200 g gewürfelten, herzhaften Käse unterheben. Schon habt ihr ein Käsebrot mit mediterranem Touch.
Während das Brot bäckt und etwas auskühlt, rühre ich zwei schnelle Aufstriche. Zum Beispiel Hüttenkäse-Tomate, Quark mit Kräutern oder Frischkäse + geräucherter Forelle (siehe Kapitel Aufstriche).

Das Brot ist ein schnelles, perfektes Partybrot, steht in einer Stunde auf dem Tisch. Es schmeckt auch noch am nächsten und übernächsten Tag gut, manchmal toaste ich es kurz an.
Das Brot gelingt ebenso in der Kastenform gebacken, nur die Backzeit verlängert sich.
Es ist sehr sättigend, darum friere ich das 2. Brot häufig ein.
Der Geschmack des guten Mehls ist nicht zu überbieten.
Überzeugt euch selbst.

Habt ihr wenig Zeit, dann nutzt meine Brotbackmischungen.

Aufstriche für unsere Brote

Romadur- oder Camembertcreme mit Bier

200 g reifen, weichen Romadur oder Camembert würfeln, wenig Bier zugeben und mit einer Gabel zu einer cremigen Masse rühren. Dazu eine fein gewürfelte rote Zwiebel, 1 TL geräuchertes Paprikapulver, Salz und Pfeffer geben und abschmecken. Die Creme dick aufs frische Brot und dazu einen Kopfsalat mit Radieschen, Gurke und Lauchzwiebeln reichen.

Thunfischcreme mit Kapern

1 Dose Thunfisch im eigenen Saft abtropfen lassen und mit 1-2 Teelöffel Kapern, ½ Becher Crème fraîche, etwas Zitronensaft, Salz und Pfeffer verrühren. Petersilie und Basilikum klein schneiden und unterheben. Wer es stückiger und gesünder mag, gibt noch fein gewürfelte Gurke, Paprika, Zwiebeln zu.

Bergkäsequark mit Kürbiskernen und Lauchzwiebel

2 Esslöffel Kürbiskerne ohne Fett in der Pfanne rösten, 70 g Bergkäse grob raspeln, beides mit 250 g Quark (40%i.Tr.) verrühren. Abschmecken mit Salz, Pfeffer und gemahlenem oder gehacktem Kümmel. Gut durchziehen lassen. Vor dem Essen mit fein geschnittenem Frühlingslauch vermengen und nochmal abschmecken.

Räucherforellencreme mit Apfel

½ Apfel, 2 Esslöffel Selleriestange oder -knolle fein würfeln. ½ Bund Dill und 125g Räucherforelle schneiden. Alles zusammen in eine Schüssel geben und mit einem Becher gutem Frischkäse verrühren. Abschmecken mit Salz, Pfeffer, Zitronensaft.

Tomatenbutter mediterran

5 getrocknete Tomaten in Öl nehmen, Öl abgießen, Tomaten klein schneiden. 1 Zehe geschnittenen Knoblauch, Rosmarin und Thymian in dem Tomatenöl kurz dünsten. Weiche Butter mit dem abgekühlten Öl vermengen, evtl. salzen und pfeffern. Dazu frisches Basilikum und gehackte Oliven, egal ob grüne oder schwarze.

Avocado-Hüttenkäse-Aufstrich

Avocado halbieren, aushöhlen, pürieren oder zerdrücken, geriebene Zitronenschale, gehackten Knoblauch und Zitronensaft zugeben, die gleiche Menge Hüttenkäse drunter rühren, mit Salz, Pfeffer abschmecken.

TIPP *Alle Zutaten im Mixer pürieren, so wird die Creme luftiger.*

Für eine vegane Variante ohne Käse, Erbsen (TK) ganz kurz kochen, abkühlen und mit Avocado und den anderen Zutaten mixen. Auch ein feiner Geschmack und sehr schön grün.

Rote Bete-Fetakäse-Aufstrich

Vorgegarte Rote Bete mit wenig Olivenöl pürieren. Apfel in feine Würfel schneiden. Beides mit weichem Hirten-Fetakäse vermengen, würzen mit Salz und Pfeffer. Frischer geschnittener Basilikum oder Minze erhöht den Genuss. Wenn Ihr keinen weichen Käse bekommt, raspelt den Feta einfach.

Limetten-Thymian-Butter – ein frischer Genuss

½ Stück Butter auf Zimmertemperatur erwärmen, die Schale und den Saft von 1 Limette, 1 Esslöffel frischen Thymian, 1 feingeschnittene Knoblauchzehe, Salz und Pfeffer zugeben. Alles vermengen und fertig. Hält gut im Kühlschrank und ist auch perfekt zu Hühnchen oder Fisch.

Ziegenkäse-Walnuss-Aprikosen-Aufstrich

250 g Ziegenfrischkäse, je eine Handvoll gehackte Walnüsse und fein geschnittene Aprikosen (frisch oder getrocknet), 1 Esslöffel flüssigen Honig vermengen und abschmecken.

TIPP *Mit diesem Aufstrich eine Hühnerbrust füllen oder überbacken. Gut auf Toast/ Baguette oder Brot streichen und ebenfalls überbacken.*

Senf-Ei-Brotaufstrich – ein Klassiker

3 Eier hart kochen und würfeln, 1 kleine Gewürzgurke fein würfeln, mit ca. 2 Esslöffel Mayonnaise, 1 Löffel körnigen Senf, Salz & Pfeffer, vermengen, abschmecken. Als Alternative könnte man Crème fraîche verwenden oder zur Mayonnaise einen Löffel Joghurt geben.

Altes Brot – was damit tun?

Wir haben uns in den vergangenen vierzig Jahren daran gewöhnt, dass Brot eigentlich immer frisch verfügbar ist, die meisten von uns werfen hartes oder auch nur angetrocknetes Brot weg, neues ist schließlich sehr billig zu haben. Wir sind also verwöhnt. Meine Eltern hingegen haben noch schlimmen Hunger im Krieg und danach erlebt, sie haben es uns Kindern zu Hause immer wieder erzählt. Wir Kinder haben das also selbst nicht kennengelernt, wurden allerdings streng angehalten, altes Brot nicht wegzuwerfen.

Da fällt mir ein, dass wir in den 80er-Jahren mit Brot unsere Hühner und Gänse gefüttert haben. Nicht etwa mit altem Brot, nein, ich habe auf dem Rückweg aus der Schule im nahegelegenen Konsum täglich drei große Mischbrote geholt. Die kosteten 1,04 Mark, DDR-Mark wohlgemerkt, für ein 2 kg Brot! Subventioniert, wie vieles in der DDR. Was für ein Irrsinn, Brot war billiger als Futtermittel. Ähnlich verhielt es sich mit den Eiern, die wir in der Sammelstelle abgaben. Wir bekamen dafür mehr, als die Eier dann im Konsum gekostet haben! Nur zwei Beispiele, die sich beliebig fortsetzen ließen. Aber ich lasse die alte Zeit ruhen mit einer Weisheit, die mir aus der Seele spricht und auch heute für vieles gilt: „Was nichts kostet, ist nichts wert."

Altes Brot – was tun?

Altes Brot wegwerfen – das geht gar nicht!
Enten füttern – ist nicht artgerecht!
Hühner füttern – wer hat noch Hühner?
Auf den Komposthaufen damit – zieht Ungeziefer an!

Hier ein paar zusammengetragene Ideen für altes Brot, nichts Weltbewegendes, aber praktikabel.

Altbackenes Brot in Stücken – brauchen wir eingeweicht für unsere Oberlausitzer Gewiegtebrutl, Rezept Seite 20.

Brotcroutons – schnell und vielseitig. Ich schneide übriggebliebenes Brot gleich in Würfel, entweder 1 x 1cm oder 2 x 2 cm. Die Würfel trockne ich in der Restwärme vom Backofen oder einfach so. Wenn ich Lust und Zeit habe, gebe ich Olivenöl, Oregano und gehackten Rosmarin in die Pfanne und schwenke darin die Brotwürfel. Es ist sogar gut, wenn das Brot schon trockener ist. Da zieht es nicht so viel Fett. Diese Croutons schmecken auf jedem Salat oder auf Tomaten-, Pilz- oder Kartoffelsuppe. Die Kräuter bestimmen den Geschmack. In einer luftdichten Dose bleiben sie lange knackig.

Brotchips machen – das geht mit fast jedem Brot, egal ob hell oder dunkel, außer mit Toast. Für Brotchips das Brot in ganz dünne Scheiben schneiden, Öl mit fein gehacktem Knoblauch und mediterranen Kräutern vermengen. Scheibchen damit einpinseln und im Ofen rösten. Halten sich gut in einer Blechdose.

Für Semmelknödel – schneiden wir restliches Brot in Würfel 3 x 3 cm und sammeln das im Frostschrank. Ist genug zusammen, machen wir Semmelknödel, Rezept Seite 138.

Semmelmehl – auch Brösel genannt, der Klassiker. Selbst geriebenes Semmelmehl schmeckt viel besser als die gekauften Industrieprodukte. Wollt ihr damit panieren, nehmt vorwiegend helles Brot. Mit dunklem Paniermehl bindet man Bratensaucen, das gibt einen guten Geschmack. Wie wird das Semmelmehl gemacht? Brot einfach an der Luft trocknen und mit einer Handreibe oder Mixer zerkleinern. Möglich ist es auch, das gut getrocknete Brot in einen Gefrierbeutel zu geben und mit einer Stielkasserolle fein zu klopfen.

Was macht man noch mit Semmelbrösel?

- Fleisch oder Gemüse panieren
- Saucen und Suppen binden, das gibt Geschmack und spart Saucenbinder
- Semmelbrösel als Kruste für Aufläufe zum Überbacken
- Gemüsebratlinge – zur Bindung
- kleine Semmelklößchen als Suppeneinlage
- statt Mehl in der Kuchenform, damit nichts anhaftet
- knusprige Semmelbrösel in Butter gebraten sind lecker auf Blumenkohl, Bohnen, Broccoli. Die Edelvariante in dieser Richtung: gehackte Nüsse und Semmelbrösel Menge 1:1 in Butter braten
- und als letztes ein Tipp vom Bäcker: Beim Brotbacken 20 Prozent Mehl durch Semmelmehl ersetzen.

Ich glaube, das ist erstmal Inspiration genug und hoffe sehr, euer Brot wird verbraucht bis zum letzten Krümel. Bauer, Müller und Bäcker fühlen sich wertgeschätzt und nebenher wird es Eure Geldbörse danken.

Kerstins Semmelknödel

Kerstin ist meine Beiköchin, viele Kilogramm altbackenes Brot gingen schon durch ihre Hände und wurden zu Semmelknödeln.
Ihr braucht dazu:

Altbackenes helles Brot würfeln, einen Anteil von 30 % dunklem Brot ist möglich, der Knödel wird herzhafter und gehaltvoller.
Milch, Eier, Muskat, Salz verquirlen. Mischung über die Brotwürfel geben und so lange sehr vorsichtig vermengen, bis die Flüssigkeit aufgesogen ist. Erscheint die Masse noch zu trocken, einen Schuss Milch zugeben. Die Masse nicht zu feucht machen und nicht kneten, nur vermischen, sonst wird der Knödel zu fest.
Die Frischhaltefolie auslegen, Masse längs darauf geben und mit der Folie zu einer Rolle formen und jetzt fest einrollen. Wie ein großes Bonbon.
Die Folienrolle mehrmals mit einer Gabel einstechen und im Wasserdampf ca. 25-30 Minuten zugedeckt dämpfen. Auswickeln, mit einem kleinen Stück Butter bestreichen und in Scheiben schneiden.

Wir sammeln altbackenes Brot, das kommt gewürfelt in den Tiefkühlschrank. Die Würfel vor der Zubereitung ca. 10 Minuten bei 180 Grad im Backofen rösten.
Einem Einfrieren der fertigen Knödel steht nichts entgegen.
Diese Semmelknödel passen zu allen Gerichten mit viel Sauce.
Ein fleischloser Klassiker wäre Semmelknödel, dazu Pilze in Rahmsauce.
Sind Knödelscheiben übrig, können sie in Butter gebraten werden. Wieder als Beilage verwenden oder mit Zimt und Zucker als süßen Nachtisch reichen.
Verfeinern kann man die Brotmasse mit klein geschnittenen getrockneten Pflaumen, mit Schinkenwürfeln, Spinat und Käse, Röstzwiebeln, Kräuter, Körner etc.

Eine clevere Resteverwertung in ganz vielen Variationen!

Schritt 1

Schritt 2

Schritt 3

Auf einen Kaffee oder ein letztes Glas Wein

Ihr kennt das sicher auch: Man hat gefeiert. Daheeme, mit der Familie, mit Freunden. Es wurde gut gegessen, gepflegt getrunken. Nun sind die Gäste fort und du sitzt noch mit deinem Mann oder deiner Frau am Küchentisch, erschöpft, aber glücklich. Hier und da steht noch ein leeres Glas, ein leerer Teller… Die Spülmaschine läuft. „Ach komm, morgen ist auch noch ein Tag." Alle Fünfe sind grade und ein schöner Kaffee ist schnell gekocht, ein letztes Schlückchen Wein eingegossen.

Jetzt, hier an dieser Stelle, wo das Kochbuch gleich endet, habe ich auch ein bisschen so ein Gefühl. Und wie so oft in der Küche nach der Feier, erschöpft, aber glücklich, werde ich auch ein wenig melancholisch. Ich habe euch im Vorwort angedeutet: Nicht immer war alles eitel Sonnenschein in meinem Leben, es gab Erlebnisse, die mich ziemlich aus der Bahn geworfen haben. Manchem habe ich davon erzählt, weil ich denke, dass meine Geschichte anderen durchaus Mut machen kann, also meine ganz persönliche Geschichte, die natürlich auch immer die Geschichte meines Kochens und meiner Kleenen Schänke ist.

1985 – ein einschneidendes Jahr in meinem Leben. Ich war mit 23 Jahren in der Meisterausbildung, hatte 1984 meinen Roland geheiratet – er musste zur Armee, ich als seine junge Frau hatte genug Zeit für die Meisterschule und nebenher für die Arbeit als stellvertretende Küchenleiterin in der „Wohngebietsgaststätte Freundschaft" in Dresden Leuben.

Roland und ich hatten große Pläne. Nach der Armee hätte ich meinen Meister in der Tasche, wir wollten nach Cunewalde ziehen, Haus bauen und Kinder bekommen. Völlig klar war uns beiden, dass Roland die Kinder betreut und zu Hause bleibt. Ich habe so für meinen Beruf geglüht, dass ich mir nicht vorstellen konnte nur Mutter zu sein. Damals sehr ungewöhnlich, heute eher nicht mehr .

1985, Mitte Juni, habe ich stolz die Meisterschule als jüngste und fünftbeste von 30 Meisterschülern geschafft. Das war so ein Wahnsinnsgefühl, jetzt würde alles beginnen. Doch es kam alles ganz anders. Mein Mann ist ganz unerwartet an einer Herzerkrankung gestorben. Die Welt ging für mich unter. Äußerlich nur kurz, an dem Inneren knabbere ich wohl bis heute. In der Zeit war es auch schwer, an mich heranzukommen, aber ich hatte ein ganz dickes Netz mit vielen lieben Menschen um mich herum, denen ich noch heute danke.

Manche igeln sich ein in so einer Situation, ich habe es weggearbeitet, wollte von Trauer nichts wissen. So wurde ich mit 23 Jahren die jüngste Küchenchefin einer HO-Großgaststätte in Dresden, dem Parkhotel Weißer Hirsch. Ich habe einige tolle Kollegen und Mitarbeiter in Erinnerung, aber meistens war es schrecklich. Im September 1986 bin ich dem mit einem Nervenzusammenbruch entronnen.

Das Happy End erzähle ich auch: 1987 habe ich mir einen Mann gesucht, über Zeitungsannonce bei der SZ. Eigentlich war beim ersten Treffen sofort klar: Das ist er. Auch heute, nach 33 Jahren, ist es da, das Gefühl von Zusammengehörigkeit, Geborgenheit und Verlässlichkeit und auch die berühmten Schmetterlinge sind da. Lutz und ich haben ein Haus gebaut und Kinder bekommen und dann noch die Kleene Schänke.

Übrigens – Lutz hat am 30. Juni Geburtstag, am Todestag meines ersten Mannes. Ein Hoch auf das LEBEN. Dieses Gefühl hat sich in mir ganz tief eingenistet und ich glaube: Nur weil mir passiert ist, was mir passiert ist, ist mein Leben heute so, wie es ist.

Ja, das sind Gedanken, die einem gerne kommen, wenn man erschöpft, aber glücklich, am Küchentisch sitzt. Und am Ende deines ersten Buches, wenn du geschafft und zufrieden den Füller aus der Hand legst und den Computer runterfährst – da kommen dann die Gedanken: Was hättest du noch alles aufschreiben können? Welche Rezepte fehlen? Welche Produzenten hätte ich noch vorstellen sollen? Ja, ich denke schon an ein nächstes Buch, irgendwann. Oder an mehrere kleine? Wer weiß. Ich bin mir auch sicher: Von euch werden Fragen kommen, Anregungen, Ideen. ich freue mich darauf, euch zu antworten, wenn ihr mir schreibt.

Mit allen guten Wünschen
Eure Carola

Oberlausitzer Produzenten stellen sich vor

1

SÄCHSISCHE
SPIRITUOSENMANUFAKTUR
EST 2014

Werdegang

Martin Wagner begann 2004 eine Ausbildung zum Brauer und Mälzer. Nach dem Abschluss der Lehre arbeitete er bei der Wilthener Weinbrennerei, zum Schluss als Abteilungsleiter. Während dieser Zeit reifte in ihm die Idee, sich mit einer Spirituosenmanufaktur selbständig zu machen. Um das Ganze professionell angehen zu können, studierte er von 2009 bis 2014 und darf sich seitdem Diplomingenieur und Master nennen. Schon während seines Studiums bereitete Martin Wagner zielstrebig die Firmengründung vor, sodass er 2014 mit seiner Sächsischen Spirituosenmanufaktur starten konnte.

Philosophie

All seine Produkte stellt Martin Wagner in traditioneller Handwerkskunst her. Sein Anliegen ist es, den Menschen den Geschmack der Früchte der Oberlausitz näher zu bringen. Deshalb verarbeitet er regionale Früchte, Blüten, Kräuter und Gewürze. Die Produktion erfolgt in Kirschau in kleinen Mengen, wobei alle Arbeitsschritte reine Handarbeit sind. Martin Wagners Motto lautet: Qualität vor Quantität. So entstehen hochwertige Liköre, Brände und Geiste, die naturbelassen sind und keine künstlichen Zusätze enthalten.

Träume

Martin Wagner wünscht sich, dass immer mehr Menschen auf Nachhaltigkeit, Natürlichkeit, Regionalität und Qualität achten. Er hofft, dass echtes Handwerk künftig mehr Wertschätzung erfährt und einheimische Produzenten gestärkt werden.

Angebote

Es werden Liköre, Brände, Geiste und Whisky hergestellt. Angeboten in hochwertigen Verpackungen, eine Geschenkempfehlung für jede Gelegenheit.

Kontakt

Mail: post@saechsische-spirituosenmanufaktur.de
www.saechsische-spirituosenmanufaktur.de

2

Robert´s Honigmanufaktur

Werdegang

Ich bin seit 2013 Gesellschafter und Geschäftsführer der Digitaldruckerei Schleppers GmbH. Nach großen beruflichen und privaten Herausforderungen im Jahr 2017 verspürte ich die Lust, zusätzlich etwas Kreatives und Handwerkliches zu tun. Schon als Kind hatte ich durch meinen Onkel Berührungspunkte mit der Imkerei. Mich beeindruckt die natürliche Intelligenz und Effizienz der Bienen. Von Ihrer perfekt organisierten Arbeitsweise lässt sich einiges lernen.

Philosophie

Meine Imkerei sehe ich als Ausgleich und Hobby und bewirtschafte durchschnittlich 10 Bienenvölker. Obwohl das Imkern auch schwere körperliche Arbeit bedeutet, geht die imkerliche Romantik dabei nicht verloren. Der eigene Honig, frisch geschleudert auf einem warmen Butterbrötchen ist die Krönung und der Lohn für die monatelange Arbeit an den Bienen.

Träume

In die Imkerei möchte ich später auch meine Töchter einbeziehen und ihnen Verständnis und Respekt vor jedem noch so kleinen Lebewesen leeren.

Angebote

Der jeweiligen Saison entsprechenden Honig: Frühlingsblüte, Rapshonig, Sommerblüte, zart cremig gerührten Honig. Auch als Firmenpräsent oder für Hochzeiten mit individuell gestaltetem und hochwertig gedrucktem Etikett ist alles möglich.

Kontakt

Robert Czyzowski, Handrij-Zejler-Str. 45, 02625 Bautzen, OT Salzenforst
Mail: czyzowski@schleppers.de
Instagram: roberts_honigmanufaktur

Landwirtschaftsbetrieb
LÖHNERT
LANDWIRTSCHAFT & HOFLADEN

3

Werdegang

Der landwirtschaftliche Familienbetrieb Löhnert blickt auf eine lange Tradition zurück und wird bereits in achter Generation geführt. Sohn Eric, die neunte Generation, hat sich 2017 auf den ökologischen Anbau von Emmer, Dinkel, Champagnerroggen und Hafer spezialisiert. Im Sommer 2020 erhielt der Betrieb das BIO-Zertifikat.
Im 2015 eröffneten Hofladen bieten Löhnerts ihr selbst angebautes Getreide sowie daraus verarbeitete Bio-Produkte an.

Philosophie

Zusammen als große Familie eigene Produkte zu schaffen, vom kleinen ausgesäten Korn bis zum verpackten Endprodukt - das ist die Philosophie von Familie Löhnert.

Träume

Löhnerts wünschen sich Wertschätzung und Begeisterung für die Produkte, die mit viel Arbeit, Fleiß und Liebe entstehen. Lebensmittel wieder als „Mittel" für ein glückliches und gesundes Leben anzusehen, dafür wäre die Familie dankbar.

Angebote

Neben frisch gemahlenen Mehlen gibt es im Hofladen unter anderem auch Körner, frisch geflockte Flocken des Dinkels, des Hafers und des Champagnerroggens sowie Grieß, Müslis, Backmischungen, Schrot und vieles mehr.

Kontakt

Landwirtschaft und Hofladen Löhnert, Am Anger 1, 02633 Gaußig, OT Zockau
Telefon 035930-52234 Mail: info@hofladen-loehnert.de
www.hofladen-loehnert.de

4

CUNEWALDER
ESTD 2019
PROBIER
WERKSTATT

Werdegang

Im schönen Cunewalder Tal besteht seit über 20 Jahren ein Haus- und Hobbybrauer-Verein. Ende 2018 setzten dann zwei besonders engagierte Hobbybrauer - Nicole Kocksch und Frank Walther - die Idee einer ProBier-Werkstatt um.

Philosophie

„Unsere Biere brauen wir mit viel Liebe und Freude in traditioneller Handwerkskunst in kleinen Mengen". Dabei wird großer Wert auf regionale Zutaten gelegt. Da die Biere weder pasteurisiert noch gefiltert werden und ausreichend Zeit zur Reifung bekommen, entfalten sie den vollen natürlichen Geschmack. „Unsere Biere sind so frisch und lebendig wie die Natur", betont das Team der ProBier-Werkstatt, das den Menschen diesen ursprünglichen Geschmack voller natürlichen Aromen wieder näher bringen möchte. Es setzt dabei auf bewussten Genuss und lädt ein: „ProBier´s – du wirst es schmecken!"

Angebote

In der Cunewalder ProBier-Werkstatt werden individuelle Brauseminare angeboten, da sind sie ganz nah dabei. ProBiere in wechselnden Sorten gibt es in der Bügelflasche und im Fass.

Träume

Unsere Vision ist es, in Cunewalde eine frühere um 1900 existierende Brauerei wieder zum Leben zu erwecken. Dort sollen in gemütlicher Atmosphäre Liebhaber das traditionell gebraute Bier genießen können.

Kontakt

Telefon: Frank Walther 0162-9701785
Mail: post@probier-werkstatt.de

seit 1888
HEINKE & SOHN
HAMMERMÜHLE BAUTZEN

Denise und Stephan Hierl

Werdegang

Die Geschichte der Hammermühle Bautzen geht zurück bis in das Jahr 1493. Erbaut als Drahtmühle, umgebaut zum Eisenhammerwerk, umgestaltet und erweitert als Mahlmühle und schließlich weitergeführt als Mahl- , Senf- und Ölmühle ist die Hammermühle Bautzen ein lebendiges Zeugnis von Handwerksgeschichte und Fortschritt. Familie Hierl führt die Mühle in der nun sechsten Generation.

Philosophie

Schon ein Ausspruch des Firmengründers und Ur-Ur-Großvaters des heutigen Eigentümers lautete: „…die Höhe der Produktion wird nicht durch die Nachfrage, sondern durch die Leistungsfähigkeit der Maschinenanlage bestimmt. Erstellung tadelloser Qualitäten, nicht billige Massenerzeugnisse werden erstrebt.“ Mit den Produkten, die die Hammermühle heute herstellt, soll das Natürliche erhalten bleiben. Die Senfe sind auf Stein kalt vermahlen und kommen ohne künstliche Zusätze aus.

Träume

Das Ererbte erhalten – das ist das große Ziel und unser fester Wille.

Angebote

- Heinke‘s Senfe und Heinke‘s BIO-Öle, z.B. Lein- oder Senföl
- Senfmehl, Lein-Presskuchen, Lusatia Siegelerde®
- Mühlen-Müsli, mit dem hauseigenen gemahlenen Lein-Presskuchen
- Veranstaltung „Vom Senfkorn zum Lieblingssenf“ ist ein Erlebnis für Alle

Kontakt

Heinke & Sohn Hammermühle Bautzen e. K., Seidauer Straße 2, 02625 Bautzen
Mail: kontakt@muehle.com Web: www.muehle.com Telefon: 03591-301011

6

KEKILA®

Ein saftiges Vergnügen

Werdegang

Die Firma gibt es seit 1986. Ab 1990 läuft es unter dem Markennamen KEKILA, was für Kelterei Kitsche Lauba steht. Die heutige Inhaberin Kathleen Kitsche half schon in ihrer Jugend in der Kelterei ihrer Eltern gerne mit aus, stand bereits mit 15 Jahren an der Presse. Nach ihrer Ausbildung zur Fachkraft für Fruchtsafttechnik legte sie ihre Meisterprüfung für Fruchtsaft und Getränke ab. Ab 2002 arbeitet Kathleen Kitsche im elterlichen Betrieb und schloss ein Studium zum Handelsfachwirt ab. 2018 übernahm sie den Staffelstab von ihren Eltern.

Philosophie

Der Slogan des Unternehmens lautet „Ein saftiges Vergnügen“. Und alle Beteiligten sind sich einig: Wer einmal das Saft-Fieber hat, kommt nicht so schnell wieder davon los.

Träume

Sie wünschen sich, dass auch die heranwachsende Generation Obst sammelt und zu Säften verarbeiten lässt. Die Firmeninhaberin ist überzeugt: Das trägt dazu bei, heimische Produkte bewusst zu genießen. Da KEKILA auf Früchte aus den Gärten angewiesen ist, liegt dem Familienunternehmen der Erhalt und der weitere Anbau von Beerensträuchern und Streuobstwiesen sehr am Herzen.

Angebote

Die Lohnverarbeitung heimischer Früchte ist das Hauptgeschäft. Daraus entstehen leckere Säfte, die auch zu schmackhaften Obstweinen verarbeitet werden. Weiterhin wird ein umfangreicher Getränkehandel sowie Handel mit vielen verschiedenen regionalen Produkten geführt.

Kontakt

KEKILA e. K. Grüne Aue 18, 02708 Lauba
Telefon: 035877-25288 Mail: info@kekila.de Web: www.Kekila.de

Landhof GANO

Königswartha

7

Werdegang

Ein junger, kleiner Familienbetrieb, welcher 2015 seinen Anfang fand und im Nebenerwerb von Herrn Andre und Antje Gano geführt wird. Anfänglich lag der Schwerpunkt im Futterbau, doch aus einer fixen Idee heraus, selbst Knoblauch anzubauen, änderte sich dies grundlegend. 2017 wurde aus dieser Idee Realität, dies war der Beginn der Marke Lausitzer Knoblauch.

Philosophie

Knoblauch, würzig, aromatisch, gesund. Ein Begleiter in vielen Gerichten. Auch der Familie Gano, hat es die Vielseitigkeit des Knoblauchs angetan, sei es frisch, getrocknet oder veredelt. Mit seiner besonderen Aromatik ist ihr ökologisch angebauter Lausitzer Knoblauch ein Muss für jeden Knoblauch-Liebhaber und sollte in keiner Küche fehlen.

Träume

Das Produkte aus regionalem Anbau sowie heimischer Produktion, wieder stärker ins Bewusstsein der Konsumenten rücken und sie so die Vielfalt an qualitativ hochwertigen regionalen Produkten entdecken.

Angebote

Neben dem frischen Knoblauch während der Erntesaison als auch ganzjährig verfügbaren trockenen Knoblauch, werden zudem Gewürzmischungen mit dem aromatischen Lausitzer Knoblauch angeboten. Durch schonende Trocknung bleiben so die gesunden Inhaltsstoffe des Knoblauchs erhalten, welcher in Form von Granulat, die Basis all Ihrer Gewürzmischungen bildet.

Kontakt

Landhof Gano, Ziegelstr. 2, 02699 Königswartha
Mail: info@landhof-gano.de   Web: www.landhof-gano.de

8

Fleischerei GANSKE

Telefon 035872/34766 · www.fleischerei-ganske.de

Partyservice

Werdegang

Die Familientradition wurde 1955 begonnen von Richard und Ruth Ganske. 1986 übernahm Richard Jürgen Ganske den elterlichen Betrieb. Er leitet seitdem ein Hauptgeschäft in Neusalza-Spremberg und die zwei Filialen in Ebersbach und Wilthen. Der Partyservice wurde nach und nach ausgebaut und ist ein fester Bestandteil der Firma geworden.

Philosophie

Wir möchten unsere Kunden mit regionalen, traditionellen Produkten verwöhnen.
Eigene Wurstspezialitäten werden mit SachsenGlück Fleisch aus der Region hergestellt, dabei bewahren wir die traditionelle Würzung und überlieferte Rezepturen. Wichtig sind uns neue Kreationen wie die Oberlausitzer Würste. Entstanden ist eine Wurst speziell für unsere Region und Heimat.

Träume

Das Handwerk weiter zu bewahren und das Geschäft fortzuführen.

Angebote

Neben unseren selbsthergestellten Produkten bieten wir auch einen umfangreichen Partyservice, Präsente und Versand unserer Produkte an.

Kontakt

Fleischerei Ganske, Rosenstraße 12, 02742 Neusalza-Spremberg
Web: www.fleischerei-ganske.de Mail: ganske@t-online.de
Telefon: 035872-34766

Frische Äpfel

Hofladen Rammenau
☎ 03594 714585

Werdegang

Meine Eltern betreiben seit August 1991 den Obstbau in Stolpen. Ich eröffnete im Oktober 2005 meinen eigenen Hofladen in Rammenau. Der klimatisierte Verkaufsraum bietet den Kunden optimale Verkaufs- und Lagerbedingungen. So bekommen Sie hier immer frisches Obst und knackiges Gemüse. Dazu eine große Auswahl an Produkten aus der Region.

Philosophie

Wir beziehen unsere Produkte zum einen vorwiegend vom elterlichen Obstanbau in Stolpen. Dort werden jährlich ca. 24 ha Obstplantagen bewirtschaftet. Durch moderne Lagertechnik sind wir in der Lage ganzjährig Äpfel aus unserem eigenen Anbau anzubieten. Dazu kommt ein großes Angebot von regionalen und überregionalen Partnern. Dabei ist uns wichtig die Produkte direkt vom Erzeuger zu beziehen.

Träume

Wir wünschen uns, dass es wieder mehr kleinere Geschäfte mit persönlicher Note gibt. Dass die Menschen die Arbeit hinter jedem Produkt wertschätzen.

Angebote

Bei uns finden sie saisonales Obst vom elterlichen Betrieb wie Äpfel, Birnen, Pflaumen, Beeren, Süß- u. Sauerkirschen. Ergänzt mit einer großen Auswahl an Gemüse und regionalen Produkten von Molkerei, Säften, Mehl, Gewürzen…

Kontakt

Hofladen Obstbau Menzel, Hauptstr. 55, 01877 Rammenau
Web: www.hofladen-obstbau-menzel.de Mail: info@hofladen-obstbau-menzel.de
Telefon: 03594-714585

10

1. BAUTZENER Marmeladen MANUFAKTUR

Werdegang

Martin Bäns entschied sich neben seiner Haupttätigkeit im Bäckerei – und Konditorenhandwerk 2018 dazu, die 1. Bautzener Marmeladenmanufaktur zu gründen. Treu dem Motto „Bautzen isst nicht nur scharf". Dabei greift er auf alte Rezepte seiner Oma zurück. Diese hatte aus ihrem Garten all das anfallende Obst während seiner Kindheit immer zu leckeren Fruchtaufstrichen und Gelees verarbeitet. Seitdem er nun den Garten übernommen hat, ist es seine 2. Leidenschaft geworden.

Philosophie

Mit den altehrwürdigen Rezepten, gepaart mit neuen Ideen und Zutaten bietet er seinen Kunden raffinierte, nicht alltägliche Geschmacksrichtungen an. Wo immer es möglich ist, verwendet er regionale Zutaten und möchte dadurch den hiesigen Wirtschaftskreislauf und unsere schöne Oberlausitz stärken.

Träume

Ein wenig Schwung in die Welt der Gelees, Fruchtaufstriche und Marmeladen bringen.

Angebote

Neben seinem Portfolio bietet er individuelle Gestaltungsmöglichkeiten der Gläser an. Ob kleine Gastgeschenkegläser für Hochzeiten, Geburtstage oder das Gesamtpaket für das nächste Weihnachtspräsent, gern setzt er Ihre Idee in die Tat um.

Kontakt

Bautzener Marmeladenmanufaktur, Fleischmarkt 11, 02625 Bautzen
Web: www.bautzener-marmelade.de

11

Herzogs Fischzucht und Verkauf

Werdegang
Wolfgang Herzog arbeitete sein ganzes Arbeitsleben als Fischwart in Niedergurig. Als er 1989 das Grundstück im Rittergut kaufte, gehörte die Hälteranlage dazu. Damit begannen die Zucht von Forellen und der Verkauf, bald kamen Lachsforelle, Saiblinge und Hecht dazu. Die Nachfrage wurde immer größer und so unterstützt heute Tochter Katja ihren Vater und machte 2019 ihren Fischereischein. Damit ist die Nachfolge gesichert und mittlerweile sind beide ein eingespieltes Team.

Philosophie
Familie Herzog möchte die Jahrhunderte alte Tradition der Fischzucht auch im Kleinen erhalten. Es ist ihnen wichtig, ihr Wissen darüber weiterzugeben. Den Kunden soll die Bedeutung vom heimischen Fisch für die Region in persönlichen Gesprächen nahegebracht werden.

Träume
Ihr Herzensanliegen ist, dass der heimische Fisch, insbesondere der Karpfen, wieder an Popularität gewinnt und sich auch junge Leute an den Karpfen trauen. Mit seinen vielfältigen Zubereitungsmöglichkeiten soll er wieder regelmäßig auf den Speiseplan der Oberlausitzer kommen.

Angebote
Wir bieten vor Ort geschlachteten frischen Fisch von Karpfen, Forelle, Hecht bis Stör sowie Räucherfisch und Fischplatten auf Bestellung.

Kontakt
Herzogs Fischzucht und Verkauf , Im Rittergut 3, 02694 Niedergurig
Mail: katjalorenz@t-online.de Telefon: 03591-2715292 oder 01525-2100736

12

Werdegang

Bereits 1891 betrieb Carl August Richter eine Dorfbäckerei in Kubschütz. 130 Jahre später wächst hier die sechste Generation der Familie heran. Auch das allabendliche Ritual der Sauerteigpflege und die Wärme des Backofens gehört dazu, wie schon zur Kindheit von Vater Stefan und Großvater Siegfried Richter.

Philosophie

„Einfach lecker“ heißt das Prinzip, nach dem der überzeugte Dorfbäckermeister und „Botschafter der Oberlausitz“ Stefan Richter die handwerkliche Familientradition fortführt: Regionale Rohstoffe möglichst pur verarbeiten. Teige mit den Händen fühlen. Den Dingen Zeit geben. Und auf diese Weise Grundnahrungsmittel zu Genusserlebnissen machen.

Träume

Regional, saisonal, fair: Diese Grundprinzipien der weltweiten Ernährungsbewegung „SlowFood“ sind für den zertifizierten Unterstützerbetrieb des Innungsbäckermeisters Richter Orientierung und Motivation zugleich. Von der Zusammenarbeit mit der Oberlausitzer Landwirtsfamilie Löhnert bis zur Arbeit mit Kindergartengruppen und Schulklassen will Stefan Richter seinen Beitrag zum Erhalt der menschlichen Nähe zum Lebensmittel leisten.

Angebote

Das Feinschmecker-prämierte Sortiment von der traditionellen Butterbuchtel bis zum Dinkel-Goldlein-Plätzchen ist in Auszügen auch per Webshop (siehe unten) bestellbar. Besonders beliebt sind die Sauerteigbrote aus biologisch angebautem, frisch gemahlenem Urgetreide wie Dinkel, Emmer und Champagnerroggen.

Kontakt

Dorfbäckerei Stefan Richter, Bahnhofstrasse 25, 02627 Kubschütz
Telefon: 03591-22 65 6 Fax: 03591-27 42 54
Mail: info@baeckermeister-richter.de Web: www.handwerksbrot.de

BAUERNHOF
Familie Pietzschke

Werdegang

Eigentlich wollte ich immer Historiker oder Bankkaufmann werden. Dann kam es doch anders und ich entschied mich für ein Agrarwirtschafts-Studium in Dresden. Schon mit 26 Jahren übernahm ich den elterlichen Betrieb und investierte in eine moderne Legehennenhaltung mit Freiland-Auslauf. Aus einer wahren Schnapsidee entstand die größte sächsische Eierlikörmanufaktur.

Philosophie

Wir wollen alles in einer Hand behalten, einen regionalen Kreislauf schaffen. So erzeugen wir komplett eigenes Futter für unsere Tiere, produzieren unseren eigenen Strom und eigenen Dünger. Naturschutz liegt uns am Herzen, so haben wir zahlreiche Blühflächen dafür geschaffen, hunderte Bäume und Hecken gepflanzt, nur so klappt der natürliche Kreislauf. Auch auf das Tierwohl haben wir ein ganz besonderes Augenmerk. Bereits zweimal wurde uns das vom Land Sachsen mit einer Auszeichnung für tiergerechte und umweltverträgliche Haltung gedankt.

Träume

Ich hoffe, unsere Kinder haben ebenso viel Spaß und Herzblut an der Landwirtschaft, wie wir. Vielleicht übernehmen sie irgendwann den Hof und bringen neue Ideen ein. Wir wünschen uns, dass der Bauernhof somit in der Zukunft erhalten bleibt.

Angebot

Neben täglich frischen Freiland-Eiern bieten wir natürlich unseren Eierlikör und Frisch-Ei-Nudeln an. Auch Fleisch und Wurst von unseren Angus Weiderindern gibt es zu festen Terminen in unserem Hofladen. Frisches Geflügel könnt ihr bei uns vorbestellen.

Kontakt

Patrick Pietzschke, Beiersdorfer Straße 90, 02708 Schönbach
Web: www.Oberlausitz-Ei.de

14

Werdegang

Uli Simmig hat 2010 sein Unternehmen gegründet und verkauft auf den Dresdner Wochenmärkten sehr erfolgreich die in der Oberlausitz produzierte frische Pasta. 2019 beschlossen er und seine Frau Manuela einen kleinen rustikalen Laden auf ihrem Dreiseitenhof zu eröffnen. Manuela, die einen großen Erfahrungsschatz im Verkauf und Gastronomie mitbringt, macht nun auch die Oberlausitzer mit frischen Nudeln glücklich.

Philosophie

Frische regionale Zutaten verwenden. Die Zusammenarbeit mit kleinen Manufakturen in Italien und der Region pflegen. Mit Qualität und Herzlichkeit überzeugen.

Träume

Italien ist unser Sehnsuchtsland und wir lieben die italienische Küche. Deshalb möchten wir noch mehr Menschen dafür begeistern und ihnen hochwertige Lebensmittel ans Herz legen.

Angebote

Frische Ravioli, Tagliatelle, Tagliolini, Gnocchi, frisches Pesto, Pastasoßen und Suppen aus eigener Produktion, Feinkost und Weine aus Italien sowie für jede Gelegenheit das richtige Präsent

Kontakt

Pasta Laden, Querweg 4, 02779 Hainewalde
Telefon: 035841-2233 Mail: ulispasta@gmx.de Web: www.ulis-pasta.de

Oberlausitzer Geschenke-Schänke

Werdegang

2016 eröffnete ich die Kleene Schänke mit ihrer Koch- und Kulturwerkstatt. Von Anfang an war klar, dass ein kleiner Laden dabei sein sollte.
Auf 9 m^2 haben wir Whisky, Spirituosen, Senf, Fruchtaufstriche und Gewürze verkauft. Bald wurde der Platz zu eng und wir zogen in die kleine Blockstube. Im Herbst 2019 dann die Entscheidung, die Gästewohnung in einen Laden im wohnlichen Ambiente umzuwandeln. Heute finden Sie dort Produkte von über 20 regionalen Produzenten. Die Idee, bei uns kriegen sie ihr Oberlausitzer Genusspaket.

Philosophie

Der Spruch „Denke global und kaufe regional“ trifft meine Philosophie am besten. Nachdem ich 2015 wieder in meine alte Heimat Oberlausitz zurückkam, lernte ich durch meine Koch- und Kulturwerkstatt tolle Produzenten und Menschen kennen. Mein Talent zu Netzwerken möchte ich nutzen, dass wir uns kennenlernen, zusammen sprechen, gegenseitig unterstützen und gemeinsame Projekte angehen.

Träume

Die Oberlausitzer Geschenke-Schänke mit einer großen Auswahl an Oberlausitzer Produkten zur weithin bekannten Anlaufstelle für Geschenke und Mitbringsel zu machen, und damit ein Botschafter für unsere Region sein.

Angebote

Von der eigenkreierten Brotbackmischung, hochwertigen Spirituosen, Senf, Gewürzen, Bienenwachstüchern, Büchern, bis zum hochwertigen Schreibgerät von Diplomat finden sie eine vielfältige Auswahl im wohnlichen Ambiente.

Kontakt

Kleene Schänke, Erlenweg 14, 02733 Cunewalde, Telefon: 01520-1820659
Mail: kontakt@kleeneschaenke.de Web: www.kleeneschaenke.de

Musst Du immer das letzte Wort haben?

Ja, in diesem Falle schon. Die Arbeit für 156 Seiten Kochbuch liegt hinter mir und ich möchte einfach ein herzliches Dankeschön sagen.
20 Geschichten, 80 Rezepte, 15 Porträts in einem Buch, das war so nicht geplant. Von der ersten Idee bis zur Umsetzung, in nur 4 Monaten, ist ein Buch entstanden mit 100 % Oberlausitzpower.
Danke Marion Berndt und Martina Rellin, ohne euch wären die Idee und das Buch nicht entstanden. Ihr habt mir „Buchschreibeneuling" wunderbar den Rücken gestärkt und vieles gerade gerückt.
Danke an Carmen, Irmhild, Katja, Gudrun, Waltraud und Horst. Ihr habt dieses Buch gelesen und geholfen, die vielen von mir eingearbeiteten Fehler zu finden.
Danke an Annelies Schulz, die mich bestärkte und eine wunderbare Geschichte beigetragen hat.
Danke an Robert, Chef der Schleppers Digitaldruckerei Bautzen und seinen Mitarbeitern.
Danke an Heike Lenz von der Marketing-Gesellschaft Oberlausitz-Niederschlesien mbH.
Danke an alle meine Produzenten und Händler, die diesem Buch mit ihren Porträts einen besonderen Charakter geben.
Danke an meine Söhne Roy und Toni und ihren Frauen Diana und Anja, die mich bei den Fotos, in der knapp bemessenen Zeit, unterstützt haben.
Ein riesengroßes Dankeschön geht an meinen Mann Lutz, der auch dieses neue Abenteuer mitgegangen ist und mir 4 Monate absolut den Rücken freigehalten hat.

Eure Carola Arnold

Wollt ihr ein eigenes Buch oder eine Geschichten schreiben?
Das Rüstzeug dazu bekommt ihr bei Martina Rellin, Bestsellerautorin „Klar bin ich eine Ost-Frau", in ihrer Schreibwerkstatt, egal ob in Oybin, Grimma, Leipzig, Berlin oder auch als Online Kurs. Ich kann sie wärmstens empfehlen. Sie hat meine Texte in Form gebracht, ohne meine Sprache zu verfälschen.
www.Rellin-Schreibwerkstatt.de Mail: info@martinarellin.de

Für den Satz und das Layout, sowie das Finden der passenden Druckerei kann ich euch die Firma Wolfgang und Marion Berndt (Mobiler Vertrieb Berndt) empfehlen. Sie sind es auch, die anschließend euer Buchprojekt mit in ihren Vertrieb aufnehmen können.
Mail: satz-druckvermittlung@gmx.de Telefon: 035842-24250

Mit freundlicher Genehmigung
von Wilfried Heinrich, Dresden

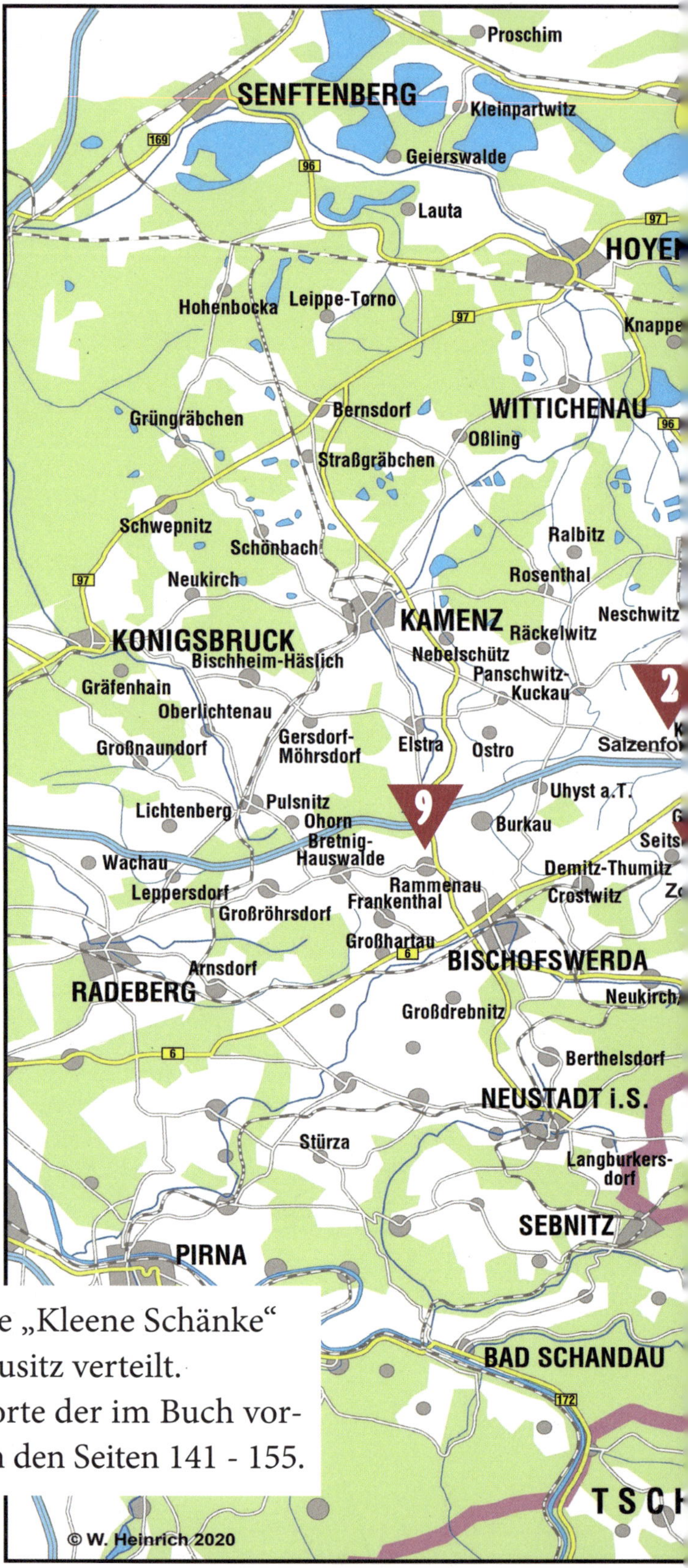

Meine Produzenten für die „Kleene Schänke“ sind in der ganzen Oberlausitz verteilt.
Hier finden Sie die Standorte der im Buch vorgestellten Produzenten von den Seiten 141 - 155.